Die Kunst des Krieges im gewerblichen Rechtsschutz

Thomas Heinz Meitinger

Die Kunst des Krieges im gewerblichen Rechtsschutz

Die Strategien des Sun Tzu angewandt auf Patente, Gebrauchsmuster, Designrechte und Marken

Springer

Thomas Heinz Meitinger
Meitinger Patentanwalts GmbH
München, Deutschland

ISBN 978-3-662-73951-8 ISBN 978-3-662-73952-5 (eBook)
https://doi.org/10.1007/978-3-662-73952-5

Die Deutsche Nationalbibliothek verzeichnet diese Publikation in der Deutschen National bibliografie; detaillierte bibliografische Daten sind im Internet über https://portal.dnb.de abrufbar.

Springer ist ein Imprint der eingetragenen Gesellschaft Springer-Verlag GmbH, DE und ist ein Teil von Springer Nature.
Die Anschrift der Gesellschaft ist: Heidelberger Platz 3, 14197 Berlin, Germany

Vorwort

Das Buch „Die Kunst des Krieges“ des chinesischen Generals Sun Tzu entstand vor ungefähr 2500 Jahren und ist eines der ältesten und bedeutsamsten Bücher der Menschheit. Bis heute ist es ein Standardwerk für die militärische Ausbildung. Allerdings reicht seine Bedeutung über den militärischen Bereich weit hinaus. Auch in Managerkreisen gilt es als wertvoller Ratgeber.

Obwohl es sich bei dem Buch von Sun Tzu in erster Linie um einen Militärratgeber handelt, rät es vom Waffengang ab. Für Sun Tzu ist es die höchste Kriegskunst, einen Krieg ohne Schlachten zu gewinnen. Der Schwerpunkt des Buchs liegt auf dem intellektuellen und psychologischen Aspekt der Kriegsführung. Sun Tzu ermahnt zu gründlicher Planung und umfassender Vorbereitung. Mit List und Tücke soll ein Krieg geführt werden. Für Sun Tzu ist Täuschung ein Synonym für kluge Kriegsführung. Spione können nicht nur, sondern sind in jedem Fall zum Einsatz zu bringen. Ansonsten handelt der Feldherr töricht.

In den Medien wird man regelmäßig mit „Patentkriegen“ konfrontiert. Ein berühmtes Beispiel der letzten Jahre war die Auseinandersetzung Apple gegen Samsung, die weltweit geführt wurde. Diese „Patentkriege“ werden erbittert geführt, da deren Ausgang für die betroffenen Unternehmen eine große wirtschaftliche Bedeutung haben. Insofern ist die Wortwahl „Krieg“ im Zusammenhang mit Auseinandersetzungen des gewerblichen Rechtsschutzes gerechtfertigt.

Es ist für viele Patentfachleute in Kanzleien und Patentabteilungen von Unternehmen befremdlich mit List und Täuschung arbeiten zu sollen. Es gilt vermeintlich ein ungeschriebener Ehrenkodex, derart Verwerfliches nicht anzuwenden. Tatsächlich werden in der Praxis dennoch raffinierte Strategien angewandt, die auf List und Täuschung beruhen. Zumindest sollte man darüber Bescheid wissen, um diese im eigenen „Patentkrieg“ erkennen und kontern zu können.

München
im März 2026

Thomas Heinz Meitinger

Interessenskonflikt Der Autor hat keine relevanten Interessenskonflikte im Zusammenhang mit dieser Publikation.

Inhaltsverzeichnis

Über den Autor

Dr. Thomas Heinz Meitinger ist deutscher und europäischer Patentanwalt. Er ist Geschäftsführer der Meitinger Patentanwalts GmbH. Die Meitinger Patentanwalts GmbH ist eine mittelständische Patentanwaltskanzlei in München. Nach einem Studium der Elektrotechnik in Karlsruhe arbeitete er zunächst als Entwicklungsingenieur. Spätere Stationen waren Tätigkeiten als Produktionsleiter und technischer Leiter in mittelständischen Unternehmen. Dr. Meitinger veröffentlicht regelmäßig wissenschaftliche Artikel, schreibt Fachbücher zum gewerblichen Rechtsschutz und zu technischen Themen und hält Vorträge zum Patent-, Marken-, Gebrauchsmuster- und Designrecht. Dr. Meitinger ist Dipl.-Ing. (Univ.) und Dipl.-Wirtsch.-Ing. (FH). Außerdem führt er folgende Mastertitel: LL.M., LL.M., MBA, MBA, M.A. und M.Sc.

Abbildungsverzeichnis

Tabellenverzeichnis

1 Einführung

Ein Krieg kann über Leben und Tod einzelner Menschen und ganzer Staaten entscheiden. Sun Tzu lehrt zu Recht, dass es nichts Bedeutsameres als die „Kunst des Krieges" gibt. Im Frieden ist der Krieg vorzubereiten. Im Krieg ist der Frieden zu planen, damit die Früchte eines erfolgreichen Kriegs geerntet werden.[1] Sun Tzu betont in seinem Werk stets die vernunftbetonte Kriegsführung. Der Krieg ist rational zu planen und in jeder Situation während des Kriegs sind die Vor- und Nachteile der aktuellen Situation kühl abzuwägen. Günstige Gelegenheiten sind durch List und Täuschung zu erarbeiten und Fallen des Feindes zu durchschauen. Emotionen, wie Hass und Rache, haben für Sun Tzu bei dem Kriegsgeschäft nichts zu suchen. Ist der eigene Feldherr von Emotionen getrieben, stellt dies eine Gefahr dar. Emotionen des gegnerischen Feldherrn sind eine Chance und sollten ausgenutzt werden.

1.1 Das Leben des Sun Tzu

Sun Tzu, auch Sun Tsu oder Sunzi, wurde als Sohn einer adligen Familie in China geboren und soll zwischen 550 und 650 vor Christus gelebt haben. Sun Tzu war der Feldherr in mehreren Kriegen, wobei er es geschafft haben soll, eine um ein Mehrfaches größere Armee zu besiegen.[2]

[1] Chan, Die Kunst des Krieges, S. 73.

[2] Shirley Chan, Sun Tsu (Sunzi): Die Kunst des Krieges, Einleitung.

T. H. Meitinger, *Die Kunst des Krieges im gewerblichen Rechtsschutz*,
https://doi.org/10.1007/978-3-662-73952-5_1

1.2 Die Bedeutung des Buchs von Sun Tzu

Das Buch „Die Kunst des Krieges" gilt als eines der einflussreichsten militärischen Strategieratgeber aller Zeiten. Es wird kaum eine Militärakademie der Welt zu finden sein, an der es nicht zum Pflichtstoff gehört. Das Buch ist aber auch in Managerkreisen weit verbreitet. Dem Buch können wertvolle Ratschläge zur Unternehmens- und Personalführung entnommen werden.[3]

1.3 Prinzipien des Sun Tzu

Das Buch „Die Kunst des Krieges" von Sun Tzu umfasst insgesamt dreizehn Kapitel. Diese dreizehn Kapitel werden nachfolgend vorgestellt und ihre Relevanz und Bezug für den gewerblichen Rechtsschutz beschrieben.

Sun Tzu behauptet, dass jede Kunst des Krieges Täuschung ist. Die Möglichkeit durch Täuschen Vorteile zu erarbeiten ist nur bis zum Waffengang möglich. In der Schlacht zeigt sich dann die wahre Stärke eines Heers. Sun Tzu lehrt, dass es die wahre Kunst des Krieges ist, die Schlacht zu meiden und dennoch zu siegen. Wo dies nicht gelingt, sollte nur ein kurzer Krieg geführt werden. Dauert ein Krieg lange an, vermutet Sun Tzu eine mangelhafte Vorbereitung und schlechte Planung.

Sun Tzu legt großen Wert auf sorgfältige Planung und Vorbereitung und taktische Manöver ohne Feindberührung, die der Täuschung dienen. Der Krieg wird durch die gründliche Vorbereitung und das kluge Vorgehen des Feldherrn entschieden.

Das Buch „Kunst des Krieges" von Sun Tzu soll dem Feldherrn helfen, Vorteile herauszuarbeiten. Sun Tzu betont immer wieder, dass ein Feldzug akribisch zu planen ist. Nur auf diese Weise kann eine vorteilhafte Position geschaffen werden, die zum Sieg führt. Analyse und Planung nehmen daher in der Kriegskunst einen großen Umfang ein. Sun Tzu lehrt, dass durch eine kluge Kriegsführung sogar ein zahlenmäßig größeres Heer besiegt werden kann.

Die Abb. 1.1 zeigt die wesentlichen Säulen der Lehre des Sun Tzu. Zum Erfolg in einer kriegerischen Auseinandersetzung ist es erforderlich, dass zunächst die eigenen Stärken und Schwächen und die des Feindes ermittelt werden. Außerdem sind die Gegebenheiten festzustellen, insbesondere das Gelände, die Wetterverhältnisse, das Vorhandensein von Städten und Festungen, etc. Ein zentraler Punkt der Lehre von Sun Tzu ist Täuschung. Der Feind darf keine korrekten Informationen über die eigene Armee erhalten und der Feind ist zu falschen Annahmen zu verleiten.

Planen und Vorbereiten Die Vorbereitung ist entscheidend für einen Sieg.[4] Ein Krieg muss gründlich geplant und vorbereitet werden, nur so kann ein Krieg zu einem Sieg führen.

[3] Eisenhofer, Sunzi. Die Kunst des Krieges, S. 9.

[4] Cole, Meier, Amiot, Die Kunst des Krieges von Sun Tzu, vollständige Ausgabe, S. 20.

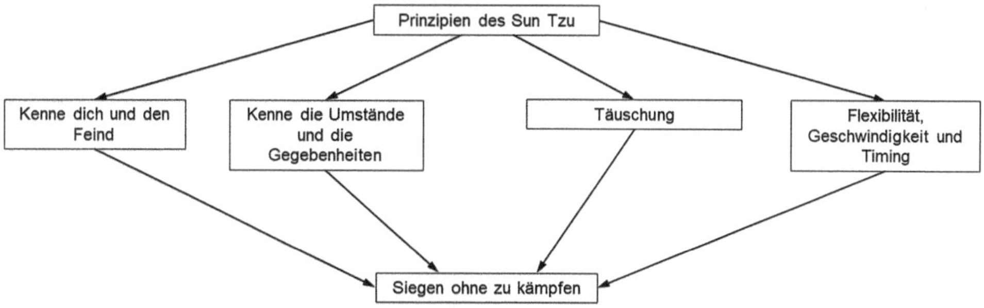

Abb. 1.1 Prinzipien des Sun Tzu

Täuschen Sun Tzu lehrt, dass jede Kriegskunst Täuschung ist.[5] Der Feind soll nicht um die Stärke des eigenen Heers wissen und schon gar nicht die Schwächen erkennen. Zumindest darf man dem Feind keine Gelegenheit geben, diese Schwächen auszunutzen.

Flexibilität, Geschwindigkeit, Timing Der Feldherr muss in der Lage sein, vorteilhafte Situationen zu erkennen und Chancen zu ergreifen. Eine Voraussetzung Chancen zu ergreifen, die sich beispielsweise kurzfristig ergeben, ist, dass der Feldherr seine Armee im Griff hat und sie flexibel einzusetzen weiß. Außerdem muss ein kluger Feldherr Geduld haben, um eine gute Gelegenheit abzuwarten.

Die Konsequenz: Siegen ohne zu kämpfen Sun Tzu lehrt, dass eine gründliche Vorbereitung dazu führen kann, einen Sieg ganz ohne eine kriegerische Auseinandersetzung zu erringen.[6] Durch kluge Vorbereitung, Planung und taktische Manöver einen Sieg zu erringen, stellt den Königsweg der Kriegskunst dar.

1.4 Die Kunst des Krieges im gewerblichen Rechtsschutz

Die „Kunst des Krieges" von Sun Tzu beschreibt eine professionelle Kriegsführung, wobei jede Phase des Krieges mit äußerster Sorgfalt und Entschlossenheit bearbeitet wird. Angesichts der Tatsache, dass das Verlieren eines Kriegs im wahrsten Sinne des Wortes tödliche Folgen haben kann, kann eine weitere Rechtfertigung der Ermahnungen von Sun Tzu entfallen.

Kann in einem streitigen Verfahren ein störendes Patent eines Dritten nicht beseitigt werden, kann dies die Einstellung der Produktion im eigenen Unternehmen bedeuten. Je nach Situation kann hierdurch auch eine Existenzgefährdung des Unternehmens einhergehen. Gehen Nichtigkeits- oder Verletzungsverfahren verloren, können außerdem

[5] Cole, Meier, Amiot, Die Kunst des Krieges von Sun Tzu, vollständige Ausgabe, S. 20.

[6] Cole, Meier, Amiot, Die Kunst des Krieges von Sun Tzu, vollständige Ausgabe, S. 20.

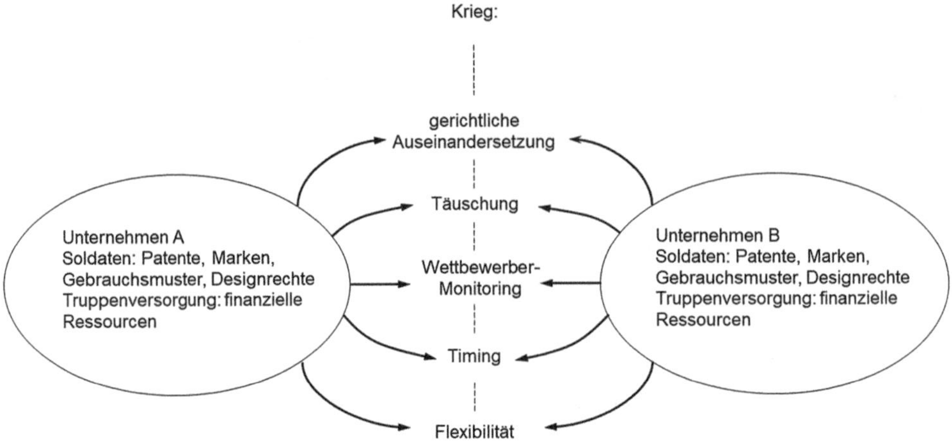

Abb. 1.2 Instrumente des Patentkriegs

hohe Prozesskosten zu tragen sein. Ist der Angriff auf eine eigene Marke durch einen Konkurrenten erfolgreich, waren die kompletten Marketingkosten zur Bekanntmachung der Marke vergebens. Diese Beispiele verdeutlichen, dass auch im gewerblichen Rechtsschutz „Kriege" geführt werden, die für das eigene Unternehmen existentiell sind.

Abb. 1.2 zeigt die Faktoren, die bei einem Patentkrieg zu beachten sind. Es ist ein Irrglaube anzunehmen, dass es bei einer Auseinandersetzung wegen Patenten darum geht, nach der „Wahrheit" zu suchen. Dazu hängt in aller Regel zu viel von dem Ausgang der Auseinandersetzung ab. Tatsächlich geht es um die Durchsetzung von Unternehmen gegen ihre Konkurrenten. Entsprechend sind bei einer Auseinandersetzung mit Schutzrechten nicht nur die einzelnen Patente, Gebrauchsmuster, Marken und Designrechte zu beachten, sondern auch Faktoren wie Täuschung, Monitoring der Wettbewerber, Timing und Flexibilität.

Eine gründliche Vorbereitung ist entscheidend für einen Verhandlungserfolg. Die Vorbereitung zielt nicht nur darauf ab, genau zu wissen, wie ein befasstes Gericht in ähnlich gelagerten Fällen entschieden hat. Es sollte auch vorab geklärt werden, welche technischen Gebiete der gegnerischen Partei wichtig sind bzw. wie die Unternehmensstrategie des Unternehmens aussieht, gegen das man vorgeht. Hierdurch können beispielsweise Wege zu einer Vereinbarung gefunden werden, durch die eine gerichtliche Auseinandersetzung vermieden werden kann.

1.5 Schutzrechte müssen durchgesetzt werden

Schutzrechte, die nicht durchgesetzt werden, verlieren ihren Wert, da sie von der Konkurrenz nicht respektiert werden. Ein Unternehmen muss seine Schutzrechte aktiv verteidigen. Ansonsten sind die Investitionen in Rechte des gewerblichen Rechtsschutzes sinnlos.

Schutzrechte, die nicht durchgesetzt werden, da keine Gefahr der Verletzung besteht oder zumindest droht, sind wertlos und sollten aufgegeben werden. Diese Schutzrechte stellen nur eine Vergeudung der Ressourcen dar.

Unternehmens-Kooperationen sind nicht das Gegenteil von Wettbewerb. Ein Unternehmen wird keine Kooperation mit einem anderen Unternehmen eingehen, wenn das andere Unternehmen nicht ernst zu nehmen ist, sprich ein ernstzunehmender Wettbewerber ist.

Im Markenrecht gibt es konkrete Fälle, bei denen Nichtstun fatale Folgen für das Markenrecht haben:

- ***Verwirkung:*** *Geht ein Markeninhaber während eines längeren Zeitraums, insbesondere fünf Jahre, nicht gegen eine Markenverletzung durch eine jüngere Marke vor und war der Anmelder der jüngeren Marke bei der Anmeldung nicht bösgläubig, hat er sich außerdem einen schützenswerten Besitz mit der Benutzung seiner Marke aufgebaut, verliert der Inhaber der älteren Marke sein Verbietungsrecht gegenüber dem Inhaber der jüngeren Marke.*[7]
- ***Generischer Begriff/Gattungsbegriff:*** *Eine Marke kann ihre Herkunftsfunktion, also die Unterscheidung einer Ware oder Dienstleistung von einem bestimmten Anbieter oder Hersteller gegenüber anderen Anbietern, dadurch verlieren, dass der Verkehr davon ausgeht, dass es sich bei der Marke nicht um die Kennzeichnung eines Herstellers, sondern um einen Sammelbegriff handelt.*[8] *Beispielsweise bestand diese Gefahr für die Marken „Tempo" und „Tesafilm". Droht die Gefahr, dass eine Marke zum Gattungsbegriff wird, muss der Markeninhaber geeignete Maßnahmen ergreifen, um diese Entwicklung zu stoppen. Dies kann insbesondere durch eine geeignete Werbung erfolgen, in der darauf hingewiesen wird, dass es sich bei der Marke nicht um einen Gattungsbegriff handelt.*

Es ist wichtig, dass eine Markenüberwachung vorgenommen wird, um gegen verwechslungsfähige jüngere Marken vorgehen zu können. Vorteilhafterweise informiert das EUIPO von sich aus die Inhaber älterer Rechte über jüngere Marken, die eine Verwechslungsgefahr darstellen könnten.[9] Allerdings bezieht sich die Information nur auf Unionsmarken. Der Inhaber einer Unionsmarke muss daher immer noch nationale Markeneintragungen selbst überwachen.

[7] § 21 Absatz 1 Markengesetz.

[8] § 49 Absatz 2 Nr. 1 Markengesetz.

[9] Artikel 43 Absatz 7 Satz 1 Unionsmarkenverordnung.

1.6 Gerichtliche Verfahren vermeiden

Erscheint man als „leichte Beute“ oder „wehrlos“ drohen gerade auch gerichtliche Verfahren. Es sollte unbedingt das Bestreben sein, gerichtlichen Verfahren vorzubeugen. Gerichtliche Verfahren stellen immer ein Risiko dar, da nie genau vorhergesagt werden kann, wie das befasste Gericht entscheidet. Außerdem dauern gerichtliche Verfahren lange, insbesondere wenn eine zweite Instanz aufgerufen wird, was zu einer langandauernden Unsicherheit führt. Es ist daher zu empfehlen, unnötige gerichtliche Streitigkeiten zu vermeiden.

Hat man sich gut auf eine Auseinandersetzung mit einem Konkurrenten vorbereitet, wird man ausreichend Argumente und genügend Dokumente des Stands der Technik vorliegen haben, um die gegnerische Partei davon zu überzeugen, ein gerichtliches Verfahren nicht anzustreben. Vielmehr wird die gegnerische Partei bereit sein, eine Vereinbarung einzugehen, um eine Niederlage vor Gericht und damit das Aufbürden von Prozesskosten zu vermeiden. Eine außergerichtliche Verhandlungsphase ist auch bei einem laufenden Verfahren vor einem Patentamt oder einem Gericht noch möglich, bei Markenwiderspruchsverfahren insbesondere durch Beantragen einer Cooling-off-Frist.

Cooling-off-Frist (Abkühlungsphase) In einem markenrechtlichen Widerspruchsverfahren können die beteiligten Parteien eine mindestens zweimonatige Frist vereinbaren, während der das Verfahren vor dem Patentamt angehalten wird, um Verhandlungen über eine gütliche Einigung zu führen.[10]

[10] § 42 Absatz 4 Markengesetz.

2 Analyse und Planung

Sun Tzu betont die außerordentliche Bedeutung eines Kriegs für einen Staat, denn ein verlorener Krieg kann das Ende des Staates nach sich ziehen. Es sind daher sämtliche relevanten Aspekte eines bevorstehenden Krieges gründlich zu beleuchten und darauf aufbauend eine gründliche Vorbereitung durchzuführen.[1]

Sun Tzu unterscheidet zwischen Führung, Himmel, Gelände, Führerschaft und Disziplin.[2] Das Kriterium der „Führung" ist insbesondere erfüllt, wenn der Feldherr von seiner Armee allgemein akzeptiert wird und Autorität genießt. Durch eine geeignete „Führung" sind die Soldaten bereit, ihrem Feldherrn bedingungslos zu folgen.[3] Der Feldherr muss besondere Eigenschaften aufweisen, um einen Krieg erfolgreich zu führen.[4] Insbesondere muss der Kriegsherr Entschlossenheit, Mut und umfangreiches Wissen aufweisen.

Ein Patentfachmann muss sich durch solide technische und rechtliche Kenntnisse auszeichnen. Insbesondere muss ein Patentfachmann sein Wissen ständig auf dem neuesten Stand halten. Ist der Patentfachmann nicht mehr auf dem aktuellen technischen Stand, wird er bald nicht mehr bei der Planung der Unternehmensstrategie einbezogen werden. Sind seine Kenntnisse bezüglich der Rechtsprechung veraltet, besteht die Gefahr, dass gerichtliche Auseinandersetzungen verloren gehen und dem Unternehmen hohe Prozesskosten entstehen.

Mit dem Aspekt des „Himmels" wird der Feldherr an die Jahreszeiten mit ihren unterschiedlichen Temperaturen und Anforderungen, an Kälte und Hitze und die Tageszeiten

---

[1] Eisenhofer, Sunzi. Die Kunst des Krieges, S. 21.

[2] Eisenhofer, Sunzi. Die Kunst des Krieges, S. 21

[3] Chan, Die Kunst des Krieges, S. 11.

[4] Cole, Meier, Amiot, Die Kunst des Krieges von Sun Tzu, vollständige Ausgabe, S. 14.

T. H. Meitinger, *Die Kunst des Krieges im gewerblichen Rechtsschutz*,
https://doi.org/10.1007/978-3-662-73952-5_2

bei seiner Kriegsführung erinnert.[5] Das „Gelände“ mit Hügeln, Seen, Sümpfen und Wäldern ist ebenso zu berücksichtigen.[6]

Die „Führerschaft“ steht für die Einheit von Denken und Ziel.[7] Dieser Aspekt stellt auf die Motivation ab. Wird das Ziel, insbesondere das Unternehmensziel, wirklich konsequent verfolgt und kann das Unternehmen daher sein Potenzial voll zum Tragen bringen? Der Patentfachmann bzw. der externe Patentanwalt muss ebenfalls im Sinne der Unternehmensstrategie handeln. Es dürfen nur solche Patentanmeldungen getätigt werden, die die Unternehmensstrategie unterstützen und es sind nur diejenigen Schutzrechte von Dritten anzugreifen, die die Unternehmensstrategie torpedieren.

„Disziplin“ ist erforderlich, damit die Befehle des Feldherrn exakt und unmittelbar befolgt werden.[8] Fehlt es an Disziplin kann Flexibilität und Geschwindigkeit als wesentliche Voraussetzungen einer erfolgreichen Kriegsführung nicht gewährleistet werden.

Sun Tzu lehrt, dass Kriegsführung einen 360°-Ansatz erfordert, bei dem jeder Aspekt sorgsam in das Kalkül einzubeziehen ist. Kriegsführung kann daher als eine gigantische Rechenaufgabe verstanden werden, die zu lösen ist, um erfolgreich zu sein.

2.1 Siege sind vorbestimmt, Niederlagen auch

Sun Tzu lehrt, dass eine gründliche Vorbereitung und Planung den Sieg nahezu garantiert und dass andererseits das Fehlen einer gründlichen Planung eine Niederlage sicher eintreten lässt.[9]

Im gewerblichen Rechtsschutz ist ein gründliches Studium der relevanten Unterlagen die Voraussetzung für eine erfolgreiche Tätigkeit. Dies gilt umso mehr bei streitigen Verfahren, bei denen eine nachlässige Vorbereitung das Unterliegen im Rechtsstreit bedeuten kann.

2.2 Jede militärische Operation umfasst Täuschung

Sun Tzu rät dazu, gegenüber dem Feind unfähig zum Angriff zu erscheinen, wenn der Angriff geplant wird, und weit entfernt zu erscheinen, wenn man bereits sehr nahe ist. Durch derartige Täuschungen werden Überraschungsangriffe vorbereitet.

Es ist überhaupt nicht erforderlich, dass die ganze Welt, insbesondere die Konkurrenz, erfährt, welche technischen Gebiete für das eigene Unternehmen von Bedeutung sind. Im Gegenteil wäre das sogar nachteilig, da in diesem Fall die Konkurrenzunternehmen auch

[5] Cole, Meier, Amiot, Die Kunst des Krieges von Sun Tzu, vollständige Ausgabe, S. 14.

[6] Cole, Meier, Amiot, Die Kunst des Krieges von Sun Tzu, vollständige Ausgabe, S. 14.

[7] Cole, Meier, Amiot, Die Kunst des Krieges von Sun Tzu, vollständige Ausgabe, S. 13.

[8] Cole, Meier, Amiot, Die Kunst des Krieges von Sun Tzu, vollständige Ausgabe, S. 14.

[9] Chan, Die Kunst des Krieges, S. 12

für dasselbe technische Gebiet Schutzrechte nachsuchen könnten, die die Umsetzung der eigenen IP-Strategie stören oder sogar zunichtemachen.

Es könnte durchaus eine sinnvolle Aktion sein, in einer in der Branche allgemein bekannten Fachzeitschrift falsche Fährten zu legen und beispielsweise technische Gebiete als besonders interessant zu benennen, die intern bereits als unbedeutend verworfen wurden. Kann hierdurch ein Wettbewerber wirksam getäuscht werden, ergeben sich Wettbewerbsvorteile.

2.3 Durchkreuzen der Pläne des Feindes

Ein Feind, der gut gerüstet ist, sollte gemieden werden. Einem Feind, der stärker ist als die eigene Armee, sollte ausgewichen werden. Ist ein feindlicher Feldherr cholerisch, sollte man ihn reizen. Ist ein Feind unvorbereitet, greife ihn an.[10] Die Pläne und Eigenschaften des Gegners sind auszukundschaften und auszunutzen.

2.4 Zusammenfassung

Wenn man einen Krieg beginnen möchte, sollte man dies mit vollem Einsatz tun. Krieg ist eine gefährliche Sache, die sorgfältig geplant und vorbereitet werden muss. Ansonsten kann der Krieg zu einem Bumerang werden und verheerenden Schaden anrichten. Ein Patentfachmann ist daher ein gründlicher Mensch, der vor einem „Patentkrieg" alle relevanten Dokumente der Angelegenheit einem genauen Studium unterzieht.

Der Patentfachmann sollte sich vor möglichen Angriffen wappnen. Welcher Wettbewerber könnte welches Schutzrecht angreifen, um geschäftliche Vorteile zu erlangen? Potenziell umkämpfte technische Gebiete sollten durch besondere Maßnahmen abgesichert werden. In Deutschland gilt das Doppelpatentierungsverbot, sodass zwei Patente nicht dieselbe Erfindung beanspruchen können. Allerdings ist es zulässig, neben einem Patent ein Gebrauchsmuster zu unterhalten, für das zudem nur ein eingeschränkter Stand der Technik relevant ist. Außerdem kann die 18-monatige Geheimhaltungsfrist für Patentanmeldungen genutzt werden, um insgeheim ein schlagkräftiges Patentportfolio aufzubauen.

Doppelpatentierungsverbot *Das Verbot des Doppelschutzes in Deutschland bedeutet, dass für dieselbe Erfindung nicht mehrere Patente erworben werden können. Mit dem Doppelpatentierungsverbot sollen Dritte davor bewahrt werden, dass sie aus unterschiedlichen Schutzrechten wegen derselben technischen Lehre in Anspruch genommen werden. Außerdem soll das Patentamt nicht durch die mehrmalige Prüfung derselben Erfindung belastet werden. Das Doppelpatentierungsverbot wurde durch die Einführung des*

[10] Chan, Die Kunst des Krieges, S. 13.

Einheitspatents am 1. Juni 2023 teilweise ausgehöhlt, da nunmehr ein nationales Patent und ein Einheitspatent gleichzeitig für Deutschland wirksam sein können.

***Stand der Technik** für ein Gebrauchsmuster* *Für ein Gebrauchsmuster gilt ein im Vergleich zum Patentrecht geringerer Stand der Technik. Mündliche Beschreibungen und offenkundige Vorbenutzungen im Ausland werden nicht bei der Bewertung der Rechtsbeständigkeit eines Gebrauchsmusters in Betracht gezogen.*[11]

18-monatige Geheimhaltung von Patentanmeldungen *Das Patentamt hält eingereichte Patentanmeldungen 18 Monate geheim. Hierdurch wird dem Anmelder die Möglichkeit eröffnet, die Anmeldung wieder zurückzuziehen, ohne dass die beschriebene Erfindung veröffentlicht wird. Eine Nutzung als Betriebsgeheimnis kann dadurch sichergestellt werden. Eine Ausnahme ergibt sich, wenn vor Ablauf der 18 Monate eine Erteilung erfolgt. In diesem Fall wird das Patent umgehend nach Erteilung veröffentlicht.*[12]

Das erste Kapitel des Buchs von Sun Tzu beschreibt die Bedeutung der Vorbereitung und der Strategie. Im Buch wird verdeutlicht, dass ein Krieg nicht nur mit Waffen, sondern insbesondere mit einem bedachten und klugen Vorgehen gewonnen wird. Voraussetzung hierzu ist eine gründliche Analyse und Planung. Sun Tzu lehrt, dass ein Krieg ohne eine einzige Schlacht gewonnen werden kann. Allerdings ist hierzu die Anwendung von Intelligenz Voraussetzung.[13]

Eine gerichtliche Auseinandersetzung sollte möglichst vermieden werden. Eine gerichtliche Auseinandersetzung kann insbesondere dadurch verhindert werden, dass die Dokumente und das Streitpatent nachvollziehbar und akkurat analysiert werden. Die akkurat aufgearbeiteten Ergebnisse der Analyse können der Gegenseite gezeigt werden, die daraus den Schluss ziehen kann, dass ihr Schutzrecht erfolgreich angegriffen werden kann. Mit einer derartig bearbeiteten Gegenseite kann eher über eine vorteilhafte Lizenzvereinbarung verhandelt werden.

Voraussetzung der Vermeidung von gerichtlichen Auseinandersetzungen ist, dass die Dokumente des Stands der Technik korrekt bewertet werden. Es ist empfehlenswert, einen externen Patentanwalt mit dieser Tätigkeit zu beauftragen, um dadurch eine objektive Sicht der rechtlichen Situation zu erhalten. Das Gutachten des Patentanwalts kann gegebenenfalls der Gegenseite übermittelt werden, um diese von der tatsächlichen rechtlichen Situation in Kenntnis zu setzen.

Soll ein Schutzrecht der Gegenseite angegriffen werden und ergibt sich aus dem eigenen Gutachten nicht die mangelnde Rechtsbeständigkeit des Schutzrechts, sollte eine umfassendere Recherche nach dem Stand der Technik durchgeführt werden. Eventuell sind weitere externe Rechercheure zu beauftragen, denen der bisher ermittelte Stand der Tech-

[11] § 3 Absatz 1 Satz 2 Gebrauchsmustergesetz.

[12] § 31 Absatz 2 Nr. 2 Patentgesetz.

[13] Cole, Meier, Amiot, Die Kunst des Krieges von Sun Tzu, vollständige Ausgabe, S. 20.

nik als Ausgangspunkt zur Verfügung gestellt wird. In der Mehrzahl der Fälle können durch intensive Recherchen Dokumente ermittelt werden, die relevant sind.

Auf alle Fälle ist eine exakte Analyse der rechtlichen Situation erforderlich, bevor Verfahren begonnen werden, die mit einem hohen Prozessrisiko, insbesondere bei einem Nichtigkeits- oder Verletzungsverfahren, verbunden sind.

Abb. 2.1 zeigt einen idealtypischen Verlauf zur Vorbereitung bzw. zum „Erzwingen" von Lizenzverhandlungen. Es ist naheliegend, die Rechtsbeständigkeit eines Patents zu prüfen, das die eigene geschäftliche Tätigkeit stört. Nach einer Recherche des Stands der Technik kann beispielsweise ein einschlägiger Stand der Technik gefunden werden, der die Rechtsbeständigkeit des störenden Patents ernsthaft infrage stellt. Es sollte eine gründ-

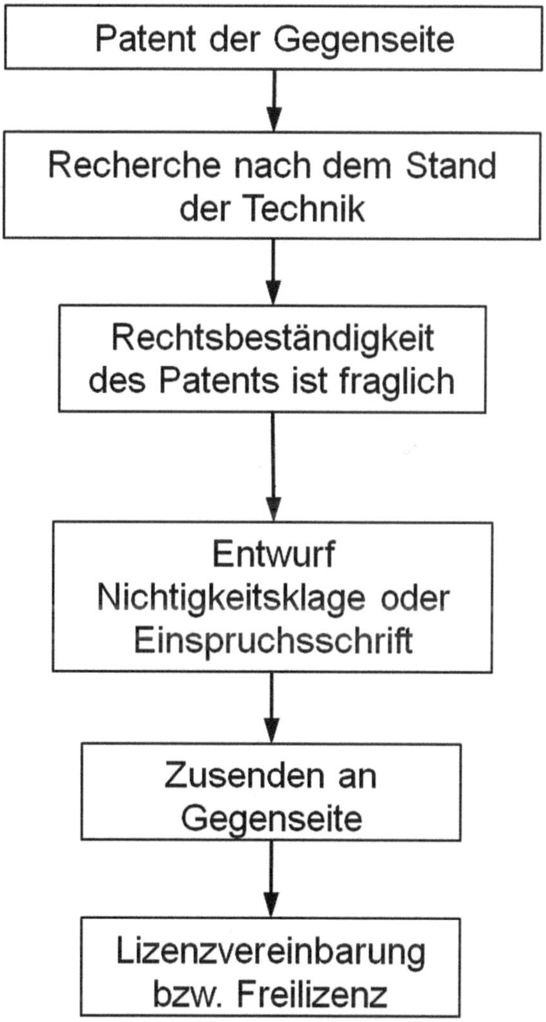

Abb. 2.1 Analyse der rechtlichen Situation

liche Recherche nach dem Stand der Technik erfolgen, da ein erfolgreiches Vorgehen gegen ein Patent mit der Qualität der ermittelten Dokumente steht und fällt.

Es ist sinnvoll, bereits eine Nichtigkeitsklage bzw. einen Einspruchsschriftsatz zu erstellen. Zum einen ist ein gründlich formuliertes Gutachten über die mangelnde Rechtsbeständigkeit erforderlich, um der Gegenseite die rechtliche Situation vor Augen zu führen. Eine Nichtigkeitsklage bzw. ein Einspruchsschriftsatz stellen faktisch genau derartige Gutachten dar und zeigen der Gegenseite, dass man jederzeit in der Lage ist, „das Feuer zu eröffnen". Die Gegenseite wird daher unter Druck gesetzt. Außerdem wird durch das Übersenden der Nichtigkeitsklage bzw. des Einspruchsschriftsatzes Kampfbereitschaft, aber auch Verhandlungsbereitschaft, signalisiert. Vor diesem Hintergrund kann eine Lizenz zu günstigen Konditionen bzw. sogar eine Freilizenz, also eine Benutzungserlaubnis ohne Gegenleistung, erreicht werden. Bei den Lizenzverhandlungen sollte auch daran gedacht werden, ob bei der Lizenzvereinbarung zusätzliches Know-How zu berücksichtigen ist, um die patentgeschützte Erfindung anwenden zu können.

Es macht durchaus Sinn, ein nicht rechtsbeständiges Patent einer Gegenseite nicht gerichtlich anzugreifen, sondern stattdessen eine Freilizenz zu erhalten. In diesem Fall hält das noch existente Patent neue Konkurrenten ab, ohne die eigene geschäftliche Tätigkeit zu beeinträchtigen.

Abb. 2.2 zeigt den Fall, dass sich trotz einer intensiven Recherche das Patent des Konkurrenten als rechtsbeständig erweist. In diesem Fall sollte zunächst der ermittelte Stand der Technik und die technische Lehre des betreffenden Patents als Chance angesehen werden, eine eigene, überlegene Technologie zu entwickeln.

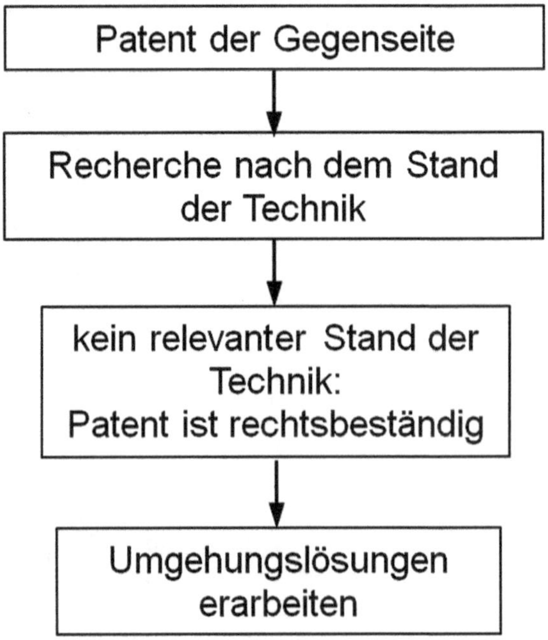

Abb. 2.2 Patent der Gegenseite ist rechtsbeständig

Kriegsführung

3

Im Kapitel „Krieg führen“ geht es weniger um strategische Überlegungen, sondern vielmehr um die praktischen und organisatorischen Aspekte einer Kriegsführung. Insbesondere werden die Versorgung und der Nachschub der Truppe thematisiert.[1]

3.1 Versorgung und Nachschub

Sun Tzu lehrt, dass es die beste Maßnahme zur Versorgung einer Armee ist, keine umfangreiche Versorgung zu benötigen, insbesondere da der Krieg sehr kurz ist. Allerdings lehrt Sun Tzu auch, dass die Versorgung unbedingt, zu jeder Zeit und in vollem Umfang gegeben sein muss, da ansonsten der Krieg verloren geht. Mit einer guten Versorgung kann kein Krieg gewonnen werden, aber eine mangelnde Versorgung führt zur Niederlage. Kann eine ausreichende Versorgung nicht gewährleistet werden, ist eine Kriegsführung nicht möglich.[2]

Ein Krieg um ein gewerbliches Schutzrecht kann dadurch begonnen werden, dass ein Widerspruch, ein Einspruch oder eine Klage vor einem Patentamt oder einem Gericht erhoben wird. In diesem Fall muss klar sein, dass hierdurch Ressourcen über mindestens ein halbes Jahr oder sogar mehrere Jahre gebunden sind, denn es sind mehrmals Stellungnahmen der Gegenseite zu studieren und zu kommentieren und eigene Schriftsätze zu erstellen. Außerdem kann ein mündliches Verfahren vorzubereiten sein. Es sollte daher stets versucht werden, das eigene Ziel außergerichtlich zu erreichen, also bevor ein Patentamt oder ein Gericht angerufen wird. Die Mittel dazu sind insbesondere eine Berechtigungsanfrage und eine Abmahnung. Ist die rechtliche Situation eindeutig, sollte sofort eine Ab-

[1] Cole, Meier, Amiot, Die Kunst des Krieges von Sun Tzu, vollständige Ausgabe, S. 25.

[2] Cole, Meier, Amiot, Die Kunst des Krieges von Sun Tzu, vollständige Ausgabe, S. 25.

T. H. Meitinger, *Die Kunst des Krieges im gewerblichen Rechtsschutz*,
https://doi.org/10.1007/978-3-662-73952-5_3

mahnung versendet werden, da in diesem Fall die eigenen Kosten, beispielsweise für einen Patentanwalt, von der Gegenseite zu tragen sind.

Berechtigungsanfrage *Mit einer Berechtigungsanfrage soll der rechtliche Hintergrund abgefragt werden. Es wird keine Klageerhebung angedroht und keine Abgabe einer Unterlassungserklärung gefordert. Die Berechtigungsanfrage dient allein der Klärung der rechtlichen Situation. Eine Berechtigungsanfrage stellt zumeist die Vorstufe zu einer Abmahnung dar.*

Abmahnung *Eine Abmahnung ist der letzte Versuch einer außergerichtlichen Bereinigung einer Verletzung eines Schutzrechts. In der Abmahnung werden ausdrücklich gerichtliche Schritte angedroht, wenn die Schutzrechtsverletzung nicht beendet wird. Außerdem werden die Kosten der Abmahnung in Rechnung gestellt und die Abgabe einer strafbewehrten Unterlassungserklärung gefordert.*

3.2 Entschlossene Taten statt endloser Schlachten

Ein kluger Patentfachmann wird kurze schnelle Siege anstreben und langwierige Auseinandersetzungen meiden. Hierdurch kann er das langfristige Binden von Ressourcen vermeiden. Außerdem stellen gerichtliche Auseinandersetzungen, die über mehrere Instanzen geführt werden, ein enormes Prozesskostenrisiko dar. Voraussetzung für einen schnellen Sieg sind immer Verhandlungen. Es sollte stets ein höflicher, sachlicher Ton gewählt werden und die Gegenseite nicht persönlich angegriffen werden. Stattdessen sollte die Gegenseite durch gute Argumentationen und Begründungen von deren eigener schwachen Position überzeugt werden, um ein vorteilhaftes Verhandlungsergebnis zu erzielen. Zusätzlich sollte der Gegenseite klar signalisiert werden, dass man auch zu einem gerichtlichen Verfahren bereit und in der Lage ist.

3.3 Ablenkung

Sun Tzu lehrt, dass der Feind abgelenkt werden soll. Eine Ablenkung kann beispielsweise dadurch erfolgen, dass ganz vehement ein Punkt in den eigenen Schriftsätzen diskutiert wird, der allerdings in der eigenen Wahrnehmung eher ein Nebenkriegsschauplatz ist. Die gegnerische Partei wird mit hoher Wahrscheinlichkeit auf den Köder hereinfallen und sich ebenfalls umfassend und ausschweifend mit diesem Punkt befassen und damit wichtige Ressourcen darauf verschwenden, die der gegnerischen Partei bei wirklich wichtigen Aspekten fehlen werden. In der mündlichen Verhandlung können dann, in für die gegnerische Partei überraschender Weise, die richtigen Schwerpunkte gesetzt werden.

3.4 Waffen werden stumpf

Sun Tzu rät zu einem kurzen Krieg, da durch einen langen Krieg die Soldaten müde und die Waffen stumpf werden.

Ist ein eigenes Patent oder Gebrauchsmuster streitbefangen, schmälert das seinen Wert. Man wird Mühe haben, Lizenznehmer zu finden und die Durchsetzung durch beispielsweise eine einstweilige Verfügung wird höchstwahrscheinlich nicht gelingen, da der befasste Richter die Entscheidung über die Rechtsbeständigkeit des Schutzrechts abwarten will. Es ist daher ratsam, bei Auseinandersetzungen um eigene Schutzrechte, keine Schriftsatzfristen zu verlängern, sondern einen möglichst zügigen Verfahrensverlauf anzustreben.

Außerdem ist die maximale Laufzeit eines Patents auf 20 Jahre[3] und die eines Gebrauchsmusters auf 10 Jahre beschränkt,[4] sodass eine reduzierte Verwendbarkeit des Schutzrechts für mehrere Jahre besonders schmerzt.

3.5 Sieg nicht Durchhaltevermögen

Das Ziel des Feldherrn ist der Sieg und nicht ein Durchhaltevermögen. Muss Durchhaltevermögen beschworen werden, da ein schneller Sieg verspielt wurde, kann davon ausgegangen werden, dass die Vorbereitung des Kriegs mangelhaft war. In diesem Fall sollte der Herrscher seinen Feldherrn austauschen.[5] Ein Patentsachbearbeiter, der sein Unternehmen in langwierige streitige Verfahren verwickelt, die eventuell noch dazu zu nichts führen, gefährdet seinen Job.

3.6 Kurze Kriege sind akzeptabel

Kriege richten Schäden an. Lange Kriege richten große Schäden an. Das gilt auch für das Land, das den Krieg gewinnt. Aus lang andauernden Kriegen ergibt sich daher kein Vorteil. Es ist die Aufgabe des Feldherrn durch seine Kriegskunst dafür zu sorgen, dass notwendige Kriege nur von kurzer Dauer sind.[6] Der Feldherr ist der Herr über den Aufstieg und den Niedergang des Staats. Kennt sich der Feldherr in der Kriegskunst aus und führt nur kurze Kriege, wird der Staat aufblühen. Ist der Feldherr ungeeignet und führt er lang dauernde Kriege, ruiniert er sein eigenes Land.[7] Gerichtliche Auseinandersetzungen sollten möglichst vermieden werden bzw. durch einen Vergleich beigelegt werden. Der komplette Weg durch die Instanzen ist zumeist für alle Parteien nachteilig.

[3] § 16 Patentgesetz bzw. Artikel 63 Absatz 1 Europäisches Patentübereinkommen.

[4] § 23 Absatz 1 Gebrauchsmustergesetz.

[5] Chan, Die Kunst des Krieges, S. 16.

[6] Eisenhofer, Sunzi. Die Kunst des Krieges, S. 28.

[7] Eisenhofer, Sunzi. Die Kunst des Krieges, S. 30.

3.7 Zusammenfassung

Sun Tzu betont in seinem Kapitel der Kriegsführung, dass ein Krieg mit möglichst geringen Ressourcen zu führen ist. Das bedeutet insbesondere, dass die eigenen Ressourcen klug einzusetzen sind, dass unabsehbare Risiken zu meiden sind und dass insbesondere der Krieg in einer Weise vorbereitet und geplant werden soll, dass er schnell beendet werden kann.[8]

Sun Tzu betont außerdem, dass die gründliche Vorbereitung der Schlüssel zum Sieg ist. Die Ressourcen müssen klug eingesetzt werden, das bedeutet, dass die notwendigen Ressourcen bereit gestellt werden müssen und dass diese zur richtigen Zeit in dem richtigen Umfang zur Verfügung stehen müssen.[9] Ein Patentsachbearbeiter muss seine Ressourcen, also seine Arbeitszeit und die ihm zur Verfügung stehenden finanziellen Ressourcen, gezielt einsetzen.

Sun Tzu lehrt, dass die Kriegsführung von der Strategie und den Ressourcen abhängt. Eine Strategie kann sein, kurze Kriege zu führen, um die eigenen Ressourcen zu schonen und eine Verhandlungsbasis auch zur Gegenseite nicht vollständig zu zerstören.[10]

Abb. 3.1 zeigt eine idealtypische und eine falsche Vorgehensweise bei einer Angelegenheit des gewerblichen Rechtsschutzes. Die gründliche Vorbereitung zahlt sich letzten Endes durch ein besseres Ergebnis, beispielsweise durch den Abschluss eines Lizenzvertrags, und durch ein geringeres Prozesskostenrisiko aus. Außerdem kann in aller Regel die Angelegenheit schneller abgeschlossen werden.

Eine andere Strategie, die ebenfalls berechtigt sein kann, ist das Lostreten von langen und für die Gegenseite teuren gerichtlichen Auseinandersetzungen. Diese Strategie kann sinnvoll sein, wenn hohe eigene Ressourcen und geringe Ressourcen auf der Gegenseite vorliegen. Diese Strategie kann insbesondere dazu genutzt werden, das gegnerische Unternehmen „sturmreif“ zu schießen und „verbrannte Erde“ zu hinterlassen. Zur Umsetzung dieser Strategie sollte das Patentportfolio des gegnerischen Unternehmens genau beobachtet werden. Insbesondere sollte das gegnerische Patentportfolio nach nicht rechtsbeständigen Patenten geprüft werden. Diese Patente können mit einem Nichtigkeitsverfahren bekämpft werden, um bei dem Konkurrenzunternehmen maximalen Schaden anzurichten. Zusätzlich sollten die Patentanmeldungen des Wettbewerbers beobachtet werden. Es sollten keine „Eingaben Dritter“ eingereicht werden, um den gefundenen Stand der Technik in einem Nichtigkeitsverfahren nutzen zu können. Die Einspruchsfrist sollte man ungenutzt verstreichen lassen, da beim Einspruchsverfahren jede Partei ihre Kosten selbst trägt. Ein Angriff sollte mit einem Nichtigkeitsverfahren erfolgen, um das nicht rechtsbeständige Patent zu vernichten, wobei es überhaupt nicht um das Patent geht, sondern darum, lange Zeit rechtliche Unsicherheit über das Patent zu erzeugen und hohe Kosten dem Konkurrenzunternehmen aufzubürden.

[8] Cole, Meier, Amiot, Die Kunst des Krieges von Sun Tzu, vollständige Ausgabe, S. 26.

[9] Cole, Meier, Amiot, Die Kunst des Krieges von Sun Tzu, vollständige Ausgabe, S. 26.

[10] Cole, Meier, Amiot, Die Kunst des Krieges von Sun Tzu, vollständige Ausgabe, S. 26.

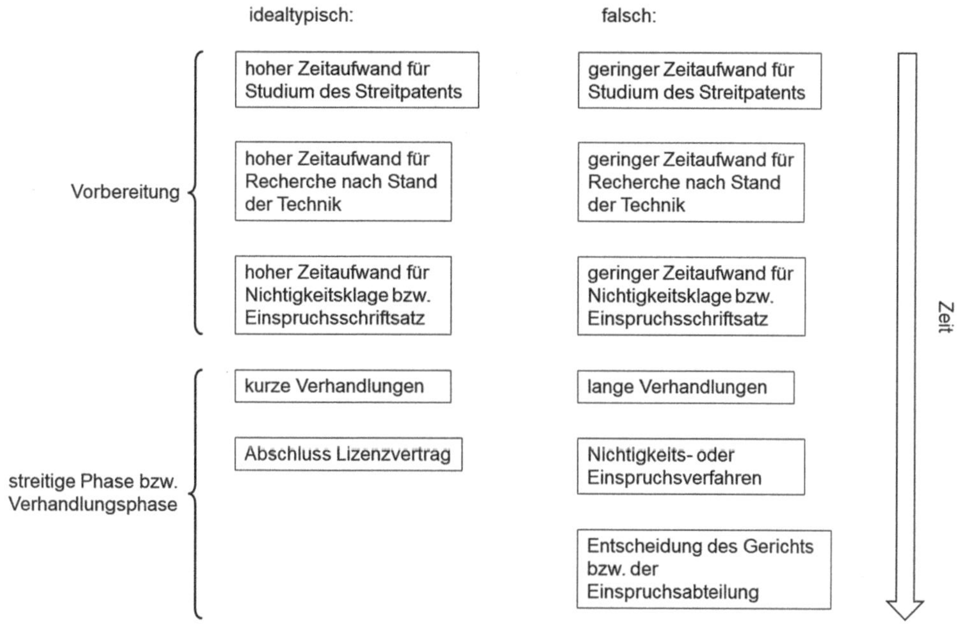

Abb. 3.1 Vorbereitungs- und Verhandlungsphase

Es sollte daran gedacht werden, einen Prüfungsantrag für die Patentanmeldungen des Konkurrenzunternehmens zu stellen, um das Erteilungsverfahren zu starten und möglichst früh ein erteiltes Patent mit einem Nichtigkeitsverfahren angreifen zu können. Einen Prüfungsantrag kann jedermann für eine fremde Patentanmeldung stellen, da ein Rechtsschutzbedürfnis besteht, zu erfahren, welche durchsetzbaren Patentansprüche zu beachten sind.[11]

Abb. 3.2 zeigt die Strategie des Niederringens des Gegners, bei der ein Nichtigkeitsverfahren angestrebt wird, um den recherchierten Stand der Technik in das Verfahren einzubringen. Die recherchierten Dokumente werden extra nicht durch eine „Eingabe eines Dritten“ in das Erteilungsverfahren gegeben und es wird auch kein Einspruchsverfahren angestrengt, sondern die relevanten Dokumente des Stands der Technik werden bewusst für ein Nichtigkeitsverfahren zurückgehalten. Hierdurch soll ein maximaler finanzieller Schaden beim Patentinhaber entstehen, da diesem die gesamten Kosten eines verlorenen Nichtigkeitsverfahrens aufgebürdet werden. Voraussetzung für diese Strategie sind hochrelevante Dokumente des Stands der Technik, die die Rechtsbeständigkeit des Streitpatents offensichtlich erschüttern.

Einwendungen eines Dritten bzw. Eingabe eines Dritten Das Patentgesetz erlaubt es jedermann, dem Patentamt Dokumente des Stands der Technik zu übermitteln, die die

[11] § 44 Absatz 2 Satz 1 Patentgesetz.

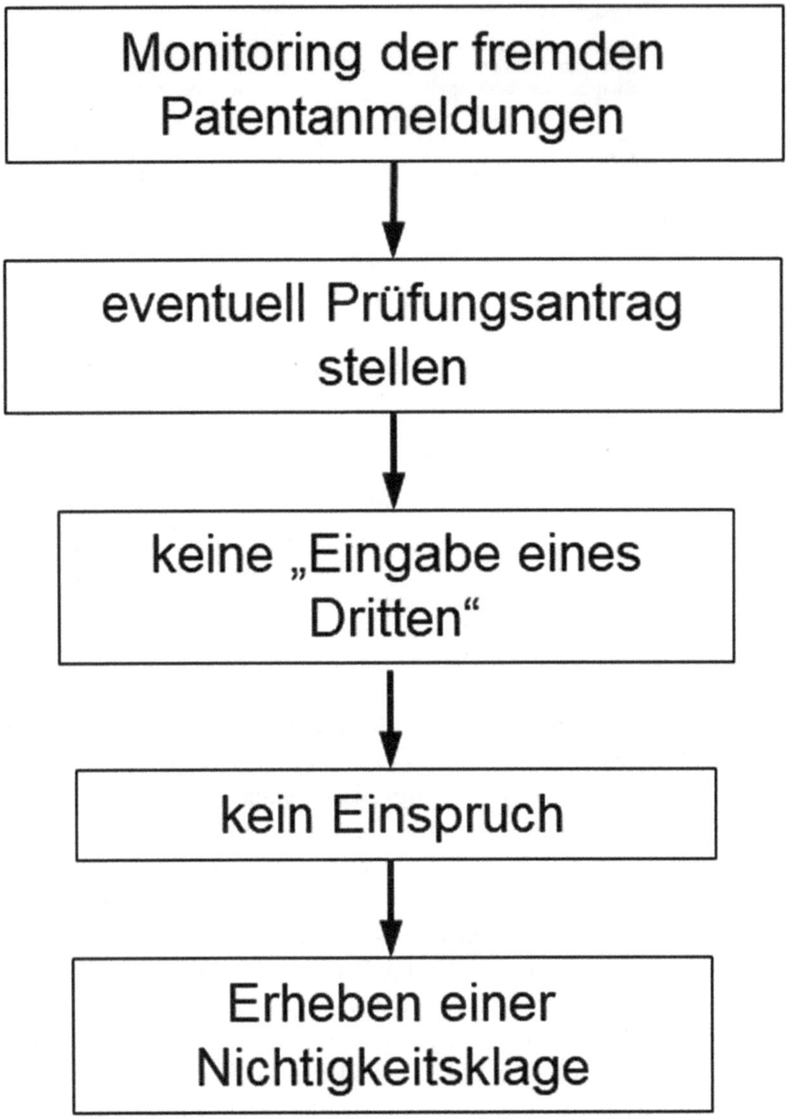

Abb. 3.2 Strategie „Niederringen des Gegners“

Patentfähigkeit einer Patentanmeldung infrage stellen.[12] *Hierdurch wird der Dritte jedoch nicht zu einer Partei im Erteilungsverfahren. Mit einer Eingabe eines Dritten kann ohne umfangreiche Kosten die Patenterteilung verhindert werden.*

Prüfungsantrag stellen Im deutschen Verfahren kann grundsätzlich von jedermann für eine Patentanmeldung eines Dritten ein Antrag auf Prüfung der Patentanmeldung auf Patentfähigkeit gestellt werden.[13] *Hierdurch wird das Erteilungsverfahren vor dem Patentamt gestartet. Der Dritte wird kein Verfahrensbeteiligter.*[14]*Ein Antrag auf Prüfung muss spätestens sieben Jahre nach dem Anmeldetag gestellt werden.*[15] *Im europäischen Verfahren beginnt das Prüfungsverfahren automatisch direkt nach Einreichung der Anmeldeunterlagen.*

[12] § 43 Absatz 3 Satz 2 bzw. Artikel 115 Europäisches Patentübereinkommen (EPÜ).

[13] § 44 Absatz 2 Satz 1 Patentgesetz.

[14] § 44 Absatz 2 Satz 1 Patentgesetz.

[15] § 44 Absatz 2 Satz 1 Patentgesetz.

Taktik

4

Die Strategie beschreibt das Ziel eines Kriegs und stellt die langfristige Vorgabe dar. Die Taktik beschreibt, wie dieses Ziel erreicht wird. Sun Tzu gibt umfassende Anweisungen, welche Instrumente der Kriegsführung in welcher Form einzusetzen sind. Sun Tzu empfiehlt, ein fremdes Land und eine feindliche Armee nicht zu vernichten, sondern einzunehmen. Es ist keine Kriegskunst, Hunderte Schlachten zu schlagen und einen Krieg zu gewinnen. Es zeugt aber von Können, einen Krieg ohne eine Schlacht zu gewinnen.[1]

Die Tätigkeiten des Patentfachmanns müssen dazu dienen, die aktuellen und die zukünftigen geschäftlichen Tätigkeiten des eigenen Unternehmens zu schützen bzw. vorzubereiten. Hierzu besteht eine Bringschuld der Unternehmensleitung in Form der eindeutigen und klaren Definition einer Unternehmensstrategie zur langfristigen Orientierung.

4.1 Erhalten und nicht zerstören

Sun Tzu lehrt, dass es besser ist, etwas zu belassen als es zu zerstören. Das gilt für eine Nation und eine Armee. Es ist besser zu siegen, ohne zu kämpfen, als in allen Schlachten zu kämpfen. Man kann durch gründliche Vorbereitung, Täuschung und Spionage siegen, ohne zu kämpfen.

Im gewerblichen Rechtsschutz macht es oftmals keinen Sinn die Schutzrechte eines Wettbewerbers zu vernichten. Hierdurch kann sich ein Vakuum ergeben, das durch aggressive Newcomer besetzt werden kann. Es ist besser, mit dem Konkurrenzunternehmen eine Freilizenz zu vereinbaren und dessen Schutzrecht zu belassen, selbst wenn man neuheitsschädliche Dokumente besitzt. Alternativ kann ein Cross-Licensing angestrebt werden.

[1] Eisenhofer, Sunzi. Die Kunst des Krieges, S. 33.

T. H. Meitinger, *Die Kunst des Krieges im gewerblichen Rechtsschutz*,
https://doi.org/10.1007/978-3-662-73952-5_4

Durch diese Maßnahmen kann der rechtliche Schutz durch die Patente des Konkurrenzunternehmens auf die eigenen geschäftlichen Tätigkeiten erstreckt werden.

4.2 Grade des Erfolgs bei der Kriegsführung

Der höchste Grad des Erfolgs ist es, die Pläne des Feindes derart zu durchkreuzen, dass ein Sieg ohne Kampf ermöglicht wird. Die nächstbeste Kriegsführung ist die Formierung der feindlichen Armee zu verhindern und die schlechteste ist es, wenn die feindlichen Armeen in einer Schlacht aufeinandertreffen.[2]

4.3 Ressourcenmanagement

Angriffe müssen der Erfüllung der übergeordneten Strategie dienen. Ist dies nicht der Fall und soll ein Angriff nur deshalb geführt werden, weil er aussichtsreich erscheint, ohne dass ein erfolgreicher Angriff der eigenen Strategie dient, hat der Angriff zu unterbleiben. Es würden nur wertvolle Ressourcen gefährdet werden. Im schlimmsten Fall stellt sich die vorteilhafte Prognose als Irrtum heraus und es geht eine hohe Anzahl an wertvollen Ressourcen verloren.[3]

4.4 Besitztümer des Feindes

Sun Tzu rät dazu, die Besitztümer des Feindes zu bewahren. Eine gute Strategie ist es, einen unzerstörten Staat einzunehmen.[4] Es sollte nicht das Ziel des Patentfachmanns sein, die Schutzrechte der gegnerischen Partei zu vernichten. Stattdessen ist es das Ziel, die Patente, Gebrauchsmuster, Marken und Designrechte für das eigene Unternehmen nutzbar zu machen. Ein Nutzbarmachen von Schutzrechten Dritter kann insbesondere durch Lizenzverträge erfolgen. Der Vorteil eines Lizenzvertrags im Vergleich zur Vernichtung der Schutzrechte des Dritten ist, dass in diesem Fall eine Abwehr gegenüber Newcomern bestehen bleibt.

---

[2] Chan, Die Kunst des Krieges, S. 16–17.

[3] Cole, Meier, Amiot, Die Kunst des Krieges von Sun Tzu, vollständige Ausgabe, S. 27.

[4] Cole, Meier, Amiot, Die Kunst des Krieges von Sun Tzu, vollständige Ausgabe, S. 27.

4.5 Emotionen im Krieg

Sun Tzu lehrt, dass Emotionen, wie Hass oder Rache, bei der Kriegsführung nichts zu suchen haben. Ein Krieg ist vollständig rational und sachlich vorzubereiten und durchzuführen. Die Planung des Kriegs ist nüchtern vorzunehmen.

4.6 Prävention

Es gehört zu der Aufgabe eines Patentfachmanns mögliche Angriffe der Konkurrenzunternehmen zu antizipieren. Derartige Angriffe sind insbesondere für technische Gebiete zu erwarten, die zukunftsträchtig sind bzw. aktuell hohe Umsätze und Gewinne erzeugen. Eine Prävention kann insbesondere durch das Erzeugen eines Patentdickichts gelingen, das durch seine Unübersichtlichkeit und schieren Größe abschreckend wirkt. Durch eine große Anzahl an Patenten, Patentanmeldungen und Gebrauchsmustern wird einem potenziellen Angreifer verdeutlicht, dass ein hohes Prozesskostenrisiko entsteht, wenn er in dem betreffenden technischen Gebiet tätig wird.

4.7 Der Zweck heiligt die Mittel

Sun Tzu rät dazu, den Feind zu täuschen, seine Pläne zu vereiteln, Zwietracht in der feindlichen Armee zu säen, den Feind durch Überraschungen zu verunsichern und ihn von Unterstützung abzuschneiden.[5] Im Krieg sind alle Mittel erlaubt. Dies gilt glücklicherweise nur bedingt in der Marktwirtschaft in Europa. Im „Kampf" der Unternehmen sind insbesondere wettbewerbsrechtliche Gesetze zu beachten. Eine Irreführung des Marktes ist nur begrenzt zulässig. Insbesondere darf nicht behauptet werden, eine Erfindung sei bereits zum Patent erteilt, wenn für diese Erfindung bislang nur eine Patentanmeldung beim Patentamt eingereicht wurde. Eine Markendarstellung, die den Markt täuscht, da sie beispielsweise irreführend eine landesweite Präsenz suggeriert, ist ebenfalls nicht zulässig.[6] Die Anmeldung einer Marke ausschließlich zur Behinderung von Wettbewerbern ist missbräuchlich und kann zum Verlust der Marke führen.[7]

---

[5] Cole, Meier, Amiot, Die Kunst des Krieges von Sun Tzu, vollständige Ausgabe, S. 28.

[6] § 8 Absatz 2 Nr. 4 Markengesetz.

[7] § 8 Absatz 2 Nr. 14 Markengesetz.

4.8 Zersetzung

Wenn Sun Tzu dazu rät, einen Krieg gründlich vorzubereiten, meint er nicht nur eine detailgenaue Planung. Zusätzlich soll die Strategie des Feindes hintertrieben und sein Verhältnis zu Bündnispartnern mit Misstrauen zersetzt werden.

Ein Bündnispartner eines Unternehmens kann beispielsweise ein Lizenznehmer sein. Grundsätzlich hat ein Lizenznehmer das Bestreben, keine Lizenzgebühren zu bezahlen. Ein Lizenznehmer wäre daher über das Untergehen des Patents, deswegen er Lizenzgebühren zahlt, froh. Ein Lizenznehmer ist daher theoretisch ein potenzieller Verbündeter, um ein Schutzrecht eines Wettbewerbers anzugreifen. Allerdings kann eine aktive Rolle des Lizenznehmers gegen das Patent seines Lizenzgebers unlauter sein. Ein Mitwirken an einem Einspruchs- oder Nichtigkeitsverfahren kann daher unzulässig sein.[8]

4.9 Pläne des Feindes vereiteln

Ist bekannt, dass die gegnerische Partei eine gerichtliche Auseinandersetzung plant und sind zur Durchführung dieses Plans nur eine begrenzte Anzahl an spezialisierten Anwaltskanzleien geeignet, bietet es sich an, mit dem Instrument des Interessenkonflikts dieses Vorhaben zu torpedieren. Insbesondere können diese besonderen Anwaltskanzleien mit eigenen Aufträgen bedacht werden und damit in einen Interessenkonflikt gebracht werden, falls die gegnerische Partei die Kanzlei beauftragen möchte.

Interessenkonflikt Dem Patentanwalt ist es nicht erlaubt, unterschiedliche Mandanten in derselben Rechtssache zu beraten und zu vertreten.[9]

4.10 Keine befestigten Städte belagern

Im damaligen China waren große Städte durch mächtige Mauern geschützt. Eine Belagerung und Einnahme einer großen Stadt kostete daher ein hohes Maß an Ressourcen und dauerte in aller Regel auch bei einem großen Belagerungsheer mehrere Monate. Sun Tzu rät daher, von einer Belagerung von Städten abzusehen. Dies sollte nur durchgeführt werden, wenn keine andere Wahl besteht. Zumindest sollte vorab ein Zeitplan aufgestellt werden, um während der Belagerung festzustellen, ob die Belagerung effizient durchgeführt wird. Ergibt sich in einem Soll-Ist-Vergleich, dass die Belagerung nicht effizient bzw. falsch durchgeführt wird, sind Korrekturmaßnahmen einzuleiten.[10]

---

[8] § 242 BGB (Treu und Glauben).

[9] § 39a Absatz 4 Satz 1 Patentanwaltsordnung bzw. § 5 Absatz 1 Berufsordnung der Patentanwälte (BOPA).

[10] Cole, Meier, Amiot, Die Kunst des Krieges von Sun Tzu, vollständige Ausgabe, S. 29.

Ein Patentfachmann eines Unternehmens sollte ebenfalls Soll-Ist-Kontrollen durchführen. Hierdurch kann er beispielsweise feststellen, ob die beauftragten externen Patentanwälte effizient arbeiten. Eine Soll-Planung basiert auf der Erfahrung der Vergangenheit, wobei ein Patentfachmann vorzugsweise mit mehreren unterschiedlichen externen Patentanwälten zusammenarbeiten sollte, um stets einen aktuellen Vergleich vornehmen zu können. Erkennt er, dass ein externer Patentanwalt in seiner Leistung abfällt, kann er Aufträge verstärkt auf die anderen externen Patentanwälte umschichten. Es ist für ein Unternehmen empfehlenswert, mindestens mit drei Patentanwaltskanzleien zusammenzuarbeiten, um aussagekräftige Soll-Ist-Vergleiche durchführen und nötigenfalls die Arbeitslast umverteilen zu können.

4.11 Ausdauer

Sun Tzu warnt den Feldherrn, dass er nur durch Ausdauer und nicht nachlassende Wachsamkeit einen Krieg gewinnt. Während eines Kriegs sind längere Ruhephasen nicht möglich.[11] Dem Patentfachmann eines Unternehmens muss klar sein, dass ein Patentkrieg kein Selbstläufer ist. Selbst wenn er einen externen Patentanwalt mit einem Widerspruchs-, Einspruchs- oder Nichtigkeitsverfahren beauftragt, muss er sich im Detail um das Verfahren kümmern, da er „Herr des Verfahrens" ist. Er muss ständig und konsequent das Vorgehen und die Planung nach möglichen Mängeln prüfen und Fehler der Gegenseite konsequent ausnutzen.

4.12 Effizienz

Sun Tzu rät zu einem internen Ressourcen-Controlling. Werden ein Drittel der gesamten Ressourcen der Patentabteilung eines Unternehmens für ein einzelnes Verfahren oder eine einzelne Angelegenheit aufgewandt, ohne dass der Sieg zügig herbeigeführt wird, liegt mangelhaftes Vorgehen vor.[12] Der Patentfachmann eines Unternehmens sollte immer bemüht sein, nach eigenen Fehlern zu forschen und diese abzustellen, bevor eine Auseinandersetzung verloren geht. Dasselbe gilt für eine Patentanwaltskanzlei. Insbesondere in einem Zeitvergleich kann festgestellt werden, ob die eigenen Dienstleistungen in den letzten Jahren schlechter oder besser geworden sind.

[11] Cole, Meier, Amiot, Die Kunst des Krieges von Sun Tzu, vollständige Ausgabe, S. 29.

[12] Cole, Meier, Amiot, Die Kunst des Krieges von Sun Tzu, vollständige Ausgabe, S. 29.

4.13 Überlegenheit nutzen

Sun Tzu rät, den Feind an vier Seiten anzugreifen, wenn die eigene Armee viermal so groß ist wie die feindliche. Ist die eigene Armee doppelt so groß, soll der Angriff auf die feindliche Armee an zwei Fronten gleichzeitig erfolgen. Eine Übermacht soll daher genutzt werden.[13] Eine Aufspaltung der eigenen Armee kann vorgenommen werden, aber nur um den Feind gleichzeitig von mehreren Seiten anzugreifen und nur wenn die aufgespaltenen Truppenteile jeweils noch mindestens so groß sind, wie das gesamte feindliche Heer.[14] Ansonsten droht die Gefahr, dass das feindliche Heer zunächst den Truppenteil angreift, der zahlenmäßig geringer ist, und diesen niedermacht. Danach kann sich dann das feindliche Heer der Reste der eigenen Armee entgegenstellen. Hierdurch hätte man die eigene zahlenmäßige Überlegenheit verloren.

Der Patentsachbearbeiter sollte seine Kapazitäten nicht überfordern. Jedes einzelne streitige Verfahren erfordert eine gründliche und umfassende Bearbeitung. Sind zu viele „Baustellen" zu bearbeiten und ist daher nur noch ein flüchtiges Betreuen möglich, besteht höchste Gefahr und Verfahren können verloren gehen.

4.14 Vorbereitung auf einen möglichen Gegner

Der Patentfachmann eines Unternehmens sollte regelmäßig ein Wettbewerber-Monitoring durchführen, um mögliche Angriffe zu antizipieren. Insbesondere sollte er das technische Gebiet in demjenigen Land ermitteln, das in der Zukunft umkämpft sein wird. Der Patentfachmann muss regelmäßigen Kontakt mit der eigenen F&E-Abteilung halten, um frühzeitig über Erfindungen in relevanten technischen Gebieten Kenntnis zu erlangen. Patentanmeldungen sollten insbesondere in Ländern mit wichtigen Märkten und in Ländern, in denen Konkurrenzunternehmen ihre Produktionsstätten haben, getätigt werden.

4.15 Zusammenfassung

Ein Feldherr muss es verstehen, seine Armee zu führen. Befiehlt er zum Angriff, ohne dass die Armee zum Angriff bereit ist, oder ordnet er den Rückzug an, ohne dass die Armee für den Rückzug vorbereitet wurde, stiftet er Verwirrung und schwächt seine Truppen. Kennt er die Aufgaben und Rechte einer Armee nicht, verunsichert er seine Offiziere. Eine Armee mit einem unfähigen Feldherrn kann nicht siegen.[15]

Für Sun Tzu ist das Zeitmanagement ein wesentlicher Faktor bei der Kriegsführung. Außerdem betont er, dass Schäden durch den Krieg bei der eigenen und bei der fremden

[13] Cole, Meier, Amiot, Die Kunst des Krieges von Sun Tzu, vollständige Ausgabe, S. 30.

[14] Chan, Die Kunst des Krieges, S. 17.

[15] Eisenhofer, Sunzi. Die Kunst des Krieges, S. 35.

Bevölkerung möglichst gering zu halten sind. Das gilt auch im gewerblichen Rechtsschutz. Die Auseinandersetzung sollte höflich im Ton und klar und hart in der Sache geführt werden. Außerdem sollten die Auseinandersetzungen möglichst kurz andauern, damit sich nicht zu viel „böses Blut" aufstaut und am Schluss sinnlose gerichtliche Auseinandersetzungen nur deswegen geführt werden, um der Gegenseite zu schaden. Es sollte bedacht werden, dass gerichtliche Auseinandersetzungen für beide Seiten finanziell nachteilig ausgehen können. Im Einspruchsverfahren können die Kosten noch akzeptabel sein. Im Nichtigkeitsverfahren gilt zwar das Unterliegensprinzip, aber in aller Regel werden auch der obsiegenden Partei nicht alle Kosten ersetzt. Für die unterliegende Partei ist ein Nichtigkeitsverfahren jedoch ein finanzielles Desaster. Außerdem ist zu berücksichtigen, dass der Ausgang eines gerichtlichen Verfahrens nicht vorhergesagt werden kann. Es besteht immer ein Prozessrisiko.

5 Positionieren

Das Positionieren bzw. das taktische Aufstellen dient der Vorbereitung des Waffengangs. Sun Tzu betont in seinem Buch, dass der Vater des Erfolgs gründliche Vorbereitung ist. Außerdem betont er, dass der vorteilhafteste Sieg ohne eine einzige Schlacht, also allein durch Planung und Vorbereitung, errungen wird. Positionieren bedeutet für Sun Tzu insbesondere, dass der Feldherr in Friedenszeiten aufrüstet, um unbesiegbar zu sein, und auf Schwächen des Feindes wartet, um den Krieg zu beginnen.[1]

5.1 Eigene Unbesiegbarkeit und feindliche Verwundbarkeit

Sun Tzu rät dazu, sich in der Zeit vor einem Krieg auf den Krieg vorzubereiten. Sun Tzu betont, dass eigene Unbesiegbarkeit durch Vorbereitung erreicht wird und Verwundbarkeit beim Feind gesucht werden muss. Hierdurch wird bereits in der Vorbereitung der Sieg über den Feind sichergestellt.[2] Es ist eine immer wiederkehrende Ermahnung von Sun Tzu, dass die Planung des Krieges ein sehr aufwendiges Unterfangen ist und möglichst früh und äußerst gründlich durchzuführen ist. Dasselbe gilt im gewerblichen Rechtsschutz, insbesondere wenn es um Patentstreitigkeiten geht, bei denen ein einzelner Satz in einem Dokument des Stands der Technik ein ganzes streitiges Verfahren umdrehen kann.

[1] Eisenhofer, Sunzi. Die Kunst des Krieges, S. 39.

[2] Chan, Die Kunst des Krieges, S. 19.

T. H. Meitinger, *Die Kunst des Krieges im gewerblichen Rechtsschutz*,
https://doi.org/10.1007/978-3-662-73952-5_5

5.2 Applaus ist kein Beweis für Professionalität

Einen Kampf zu führen und daraus siegreich hervorzugehen, ist die zweitbeste Option im Vergleich zum Planen und Vorbereiten im Geheimen und ohne eine einzige Schlacht führen zu müssen, dennoch zu siegen.[3] Ein wirklich erfolgreicher Patentsachbearbeiter führt kaum streitige Verfahren. Stattdessen erreicht er für sein Unternehmen durch geschickte Verhandlungen auf Basis guter Vorbereitung die Ziele seines Unternehmens.

5.3 Zeit nutzen

Sun Tzu rät dazu, in Friedenszeiten eine schlagkräftige Armee aufzubauen, um unbesiegbar zu werden. Danach ist darauf zu warten, dass der Feind verwundbar wird.[4] Ein Patentfachmann ist daher stets aktiv und bereitet gerichtliche Auseinandersetzungen sorgfältig vor. Außerdem muss er kompetente Patent- und Rechtsanwälte kennen, die er beauftragen kann, wenn eine Auseinandersetzung um Schutzrechte bevorsteht. Der Patentfachmann sollte daher beizeiten durch Probeaufträge geeignete Anwälte ausmachen, die im Bedarfsfall beauftragt werden können. Die ausgewählten Anwälte sollten auch laufend mit Aufträgen bedacht werden, damit sie nicht von der gegnerischen Partei beauftragt werden können, da sie ansonsten gegen den Grundsatz der Vermeidung einer Interessenkollision verstoßen würden.

5.4 Fehler führen zur Niederlage

Sun Tzu lehrt: Nur durch die eigenen Fehler wird man unterliegen.[5] Jede berufliche Tätigkeit sollte ernsthaft betrieben werden. Macht der Patentfachmann eines Unternehmens Fehler, können diese zu einem desaströsen Ergebnis für sein Unternehmen führen. Ein Versäumnis ist es auch, einen Fehler der Konkurrenz nicht zu bemerken und ungenutzt zu lassen, denn letzten Endes führen nur die Fehler der Gegenseite zum Erfolg. Aus diesem Grund sollte jeder Schriftsatz der Gegenseite genau geprüft werden, auch hinsichtlich formaler Mängel. Beispielsweise ist ein Einspruch gegen ein Patent immer dahingehend zu prüfen, ob wirklich sämtliche erforderlichen Angaben in der Einspruchsfrist getätigt wurden. Insbesondere ob innerhalb der Einspruchsfrist die Einspruchsgebühr bezahlt wurde.[6] Wurde die Einspruchsgebühr ein Tag nach Ablauf der Einspruchsfrist bezahlt, muss das

[3] Chan, Die Kunst des Krieges, S. 19.

[4] Cole, Meier, Amiot, Die Kunst des Krieges von Sun Tzu, vollständige Ausgabe, S. 35.

[5] Cole, Meier, Amiot, Die Kunst des Krieges von Sun Tzu, vollständige Ausgabe, S. 35.

[6] § 6 Absatz 1 Satz 1 Patentkostengesetz bzw. Artikel 99 Absatz 1 Satz 2 Europäisches Patentübereinkommen (EPÜ).

dem Patentsachbearbeiter des Patentinhabers auffallen und er muss dies gegenüber dem Patentamt rügen, wodurch der Einspruch unzulässig wird.

5.5 Das oberste Ziel: Selbsterhaltung

Es werden Patentkriege geführt, einfach nur weil die Kontrahenten sich schaden wollen. Im übertragenen Sinne wollen die gegnerischen Parteien nur noch „Blut sehen"! Eine derartige „Kriegsführung" wird zum Desaster führen, da es nicht um den Erhalt und die Entwicklung des eigenen Unternehmens, sondern um die Zerstörung eines anderen Unternehmens geht. Sun Tzu lehrt, dass Emotionen im Krieg fehl am Platz sind, und dass ein Krieg nur zum Selbsterhalt zu führen ist.[7]

5.6 Hohle Phrasen: „mutig", heldenhaft" oder „unbesiegbar"

Sun Tzu verachtete hohle Phrasen. Ein Sieg wird durch gründliche Vorbereitung und Planung erzielt und hat nichts mit Heldenmut zu tun. Unbesiegbar ist man nur, wenn man sich auf Kriege gründlich vorbereitet, auch auf potenzielle Kriege, die Konkurrenzunternehmen in der Zukunft beginnen könnten. Durch eine gründliche Vorbereitung wird einem ebenfalls offenbar, welche Auseinandersetzungen tunlichst zu vermeiden sind, da sie zu Niederlagen führen.

5.7 Erschöpfen des Feindes

Die Tatsache, dass Patentabteilungen von kleinen und mittleren Unternehmen klein sind und dass diese zumeist einen bestimmten externen Patent- oder Rechtsanwalt beauftragen, kann ausgenutzt werden. Ist der externe Patentanwalt der einzige Anwalt in seiner Kanzlei ergibt sich hierdurch im Besonderen ein personelles Nadelöhr.

Es wäre durchaus eine mögliche Strategie, wenn ein derartiges kleines oder mittleres Konkurrenzunternehmen mit einer Vielzahl an aufwendigen Verfahren, beispielsweise Nichtigkeitsverfahren, überzogen werden würde. Es kann durchaus der Fall sein, dass man in nur einem Verfahren unbedingt gewinnen möchte, da dies strategisch für das Unternehmen wichtig ist. Die anderen Verfahren können nur der Ablenkung bzw. der Erschöpfung dienen. Man kann dann selber seine Kraft und Energie auf das relevante Verfahren fokussieren, während das Konkurrenzunternehmen seine Ressourcen auf die Vielzahl der Verfahren verteilen muss und damit bei dem einen relevanten Verfahren schwächer als man selbst ist.

---

[7] Cole, Meier, Amiot, Die Kunst des Krieges von Sun Tzu, vollständige Ausgabe, S. 36.

5.8 Abfolge zur Kriegskunst

Es gibt eine Abfolge, die zur siegreichen Kriegsführung führt. Zuerst gilt es alles zu messen, was messbar ist. Auf Basis der Messungen wird geschätzt, was nicht gemessen werden kann. Die Messungen und Schätzungen dienen der Analyse und mit der Analyse kann ein Vergleich des eigenen mit dem feindlichen Heer durchgeführt werden.[8] Sun Tzu betont stets die wissenschaftliche und analytische Vorgehensweise, die erforderlich ist, um als Feldherr erfolgreich zu sein. Dasselbe kann für den Patentfachmann nur immer wieder betont werden.

5.9 Zusammenfassung

Sun Tzu lehrt, dass es nicht nur darum geht zu siegen, sondern nachhaltig zu siegen.[9] Das bedeutet, dass ein Sieg Vorteile und geringe Kosten erzeugen sollte. Sogenannte Pyrrhussiege stellen das Gegenteil davon dar. Ein Pyrrhussieg ist ein zu teuer erkaufter Sieg, der eine erhebliche Schwächung der eigenen Ressourcen darstellt und die eigene Position gefährden kann.[10] Pyrrhussiege können durch Geduld, Vermeiden eigener Fehler und das Ausnutzen von Schwächen des Gegners vermieden werden.

[8] Chan, Die Kunst des Krieges, S. 20.

[9] Cole, Meier, Amiot, Die Kunst des Krieges von Sun Tzu, vollständige Ausgabe, S. 41.

[10] Wikipedia, https://de.wikipedia.org/wiki/Pyrrhussieg, abgerufen am 7.3.2026.

6 Kraft

Kraft und Energie ergibt sich durch Organisation, Dynamik und Anpassungsfähigkeit.[1] Sun Tzu legt Wert darauf, dass ein Krieg nicht durch rohe Gewalt, sondern gezielt eingesetzte Energie und durch Kontrolle gewonnen wird. Ein Sieg sollte durch einen minimalen Aufwand erreicht werden, was nur durch ein überlegtes, gründliches Vorgehen ohne Emotionen ermöglicht wird.[2] Sun Tzu lehrt, dass der richtige Einsatz einer Kampfeinheit gegen eine Armee mit schwachem Feldherrn dieselbe Wirkung hat, wie das Schleudern eines Steins auf eine Eierschale.[3]

6.1 Organisation

Mit einer guten Selbst-Organisation kann sich der Patentfachmann und der externe Patentanwalt Vorteile erarbeiten. Besteht eine gute Kommunikation zu den verschiedenen Abteilungen, kann der Patentfachmann gezielt und mit mehr Energie vorgehen. Der Patentfachmann sollte eine gute Kommunikation zur Vertriebsabteilung und zur Produktion unterhalten, um zu wissen, welche technischen Gebiete aktuell für das Unternehmen wichtig sind. Er sollte zur F&E-Abteilung eine gute Kommunikation aufrechthalten, um zu erfahren, welche technischen Gebiete in der Zukunft für das Unternehmen wichtig sind. Von der Vertriebsabteilung kann er erfahren, in welchen Ländern die wichtigen Märkte des eigenen Unternehmens sind, wie die Kundenstruktur aussieht und welche Wettbewerber jeweils tätig sind. Die Länder, in denen die Produktionsstätten der Konkurrenz sind, ist

[1] Cole, Meier, Amiot, Die Kunst des Krieges von Sun Tzu, vollständige Ausgabe, S. 46.
[2] Cole, Meier, Amiot, Die Kunst des Krieges von Sun Tzu, vollständige Ausgabe, S. 47.
[3] Eisenhofer, Sunzi. Die Kunst des Krieges, S. 45.

T. H. Meitinger, *Die Kunst des Krieges im gewerblichen Rechtsschutz*,
https://doi.org/10.1007/978-3-662-73952-5_6

ebenfalls eine wichtige Information für den Patentfachmann, da mit Schutzrechten in diesen Ländern die Konkurrenz vollständig lahmgelegt wird.

6.2 Dynamik

Sun Tzu lehrt, dass einer Armee durch Dynamik die Kraft des Stoßes eines Falken verliehen wird.[4] Ein Patentfachmann sollte auf die günstige Gelegenheit hinarbeiten und bei deren Eintreten blitzartig handeln.

6.3 Anpassung als Stärke

Der gute Feldherr kann die aktuelle Situation einschätzen und weiß daher, wann er verhandeln muss und wann er zuschlagen sollte. Kann er zuschlagen, sollte er nicht verhandeln. Führt eine Schlacht wahrscheinlich zur Niederlage, sucht er die Verhandlung und täuscht Stärke vor.[5]

6.4 Unendliche Anzahl an Manövern

Sun Tzu erklärt, dass es einige wenige konventionelle und einige wenige unkonventionelle Manöver im Krieg gibt. Aus dieser begrenzten Anzahl an Manövern ergibt sich eine beliebig hohe Anzahl an Kombinationsmöglichkeiten, sodass der Feldherr genügend Möglichkeiten hat, um den Feind zu überraschen. Sun Tzu illustriert das an den verschiedenen Geschmacksrichtungen sauer, scharf, salzig, süß und bitter. Obwohl die Anzahl der Geschmacksrichtungen auf nur fünf begrenzt ist, gibt es eine unbegrenzt hohe Anzahl an unterschiedlich schmeckenden Gerichten.[6] Der Patentfachmann sollte gründlich geschult sein, um sämtliche Instrumente des gewerblichen Rechtsschutzes zu kennen und diese souverän anwenden zu können.

[4] Cole, Meier, Amiot, Die Kunst des Krieges von Sun Tzu, vollständige Ausgabe, S. 46.
[5] Cole, Meier, Amiot, Die Kunst des Krieges von Sun Tzu, vollständige Ausgabe, S. 47.
[6] Chan, Die Kunst des Krieges, S. 21.

6.5 Manipulation des Feindes

Eine Manipulation des Feindes kann durch Täuschung gelingen. Beispielsweise kann ein Köder ausgelegt werden, sodass der Feind zum Angriff verführt wird und in eine Falle tappt. Es ist daher in bestimmten Fällen erforderlich, etwas zu opfern, um im Gegenzug einen vernichtenden Schlag gegen den Feind zu führen.[7]

Es ist durchaus möglich, Erfindungen zum Patent anzumelden, obwohl man kein Patent anstrebt, einfach um die Konkurrenz abzulenken. In diesem Fall wäre ein paralleles Gebrauchsmuster sinnvoll, da dieses bereits nach ca. 2 bis 5 Monaten in das Register aufgenommen und damit recherchiert werden kann und nicht wie eine Patentanmeldung 18 Monate geheim gehalten wird.

6.6 Ordnung trotz vorgetäuschter Unordnung

Sun Tzu rät dazu, dem Feind Unordnung vorzutäuschen, wenn Ordnung in der Armee herrscht. Der Feind soll annehmen, Verwirrung und Chaos herrscht, um ihn zu unbedachten Handlungen zu verleiten. Hierdurch kann sich eine kurzzeitige Verwundbarkeit des Feindes ergeben, die auszunutzen ist.[8] Es ist immer gut, wenn man unterschätzt wird, und damit den Gegner dazu verleitet, nachlässig zu sein und sich bei streitigen Verfahren nicht mit der letzten Energie zu engagieren.

6.7 Eigene Schwächen erkennen

Es ist wichtig, die Stärken und Schwächen der eigenen Kämpfer festzustellen. Insbesondere die Schwächen muss der Feldherr kennen und seine Soldaten in einer Weise einsetzen, dass diese Schwächen nicht zu einer Verwundbarkeit der eigenen Armee führt.[9] Es ist immer gut, seine eigenen Schwächen zu kennen, um gegensteuern zu können.

6.8 Den Feind in Bewegung halten

Ein kluger Feldherr lockt den Feind mit vermeintlichen Vorteilen und hält ihn damit in ständiger Bewegung. Schließlich gaukelt er ihm vor, eine leichte Beute zu sein und wartet darauf, dass der Feind in die Falle tappt.[10]

---

[7] Chan, Die Kunst des Krieges, S. 22.

[8] Chan, Die Kunst des Krieges, S. 21.

[9] Chan, Die Kunst des Krieges, S. 23.

[10] Eisenhofer, Sunzi. Die Kunst des Krieges, S. 47.

6.9 Zusammenfassung

Kraft und Energie werden für einen Krieg benötigt. Letzten Endes ist ein Krieg ein Wettstreit zwischen einer ersten Partei mit Kraft und Energie und einer zweiten Partei mit Kraft und Energie.[11] Kraft kann als die Gesamtheit der Schutzrechte betrachtet werden und Energie sind die finanziellen und personellen Ressourcen. Ein Unternehmen, das eine eigene Patentabteilung mit gut ausgebildeten Patentanwälten hat, und sowieso bezahlen muss, kann anders agieren, wie ein Unternehmen, das Patentanwaltsleistungen teuer von externen Anwaltskanzleien erwerben muss.

Sun Tzu lehrt, dass mit einem klugen Vorgehen ein Mangel an Kraft und Energie ausgeglichen werden kann. Ist festzustellen, dass ein gegnerisches Patentportfolio stärker ist als das eigene und bestehen Verhandlungen, beispielsweise über Crosslicensing, kann versucht werden, den Wert des gegnerischen Patentportfolios zu verringern. Beispielsweise könnten Einsprüche gegen Patenterteilungen über einen Strohmann eingelegt werden, die nach einem erfolgreichen Abschluss der Verhandlungen zurückgenommen werden.[12] Sind Patente streitbefangen, ist bei einer Bewertung des betreffenden Schutzrechts ein Abschlag gerechtfertigt.

Crosslicensing (Kreuzlizenzierung) *bedeutet das gegenseitige sich Einräumen der Benutzungsrechte an Schutzrechten, insbesondere Patenten. Hierbei kann ein finanzieller Ausgleich durch Lizenzgebühren oder einer Einmalzahlung erfolgen, falls die jeweiligen Patentportfolios als nicht gleichwertig erachtet werden. In den meisten Fällen wird jedoch eine royalty-free Vereinbarung geschlossen, also kein finanzieller Ausgleich vereinbart.*

Abb. 6.1 stellt das Unterdrucksetzen eines Verhandlungspartners dar, um die Verhandlung zu einem schnelleren und besseren Ergebnis zu Ende zu führen. Die Rücknahme der Einsprüche muss nicht unbedingt zum Ende des Einspruchsverfahrens führen. Die Einspruchsabteilung des Patentamts kann die Einsprüche auch ohne Einsprechende beenden und ein Patent widerrufen. Allerdings wird dies in der Praxis nur dann passieren, wenn zum Zeitpunkt der Rücknahme der Einsprüche die Sache entscheidungsreif ist bzw. die Dokumente des Stands der Technik offensichtlich die Rechtsbeständigkeit des Streitpatents in Frage stellen.

Strohmann-Einspruch *Nach dem Patentgesetz ist es jedermann erlaubt, gegen ein Patent Einspruch zu erheben.*[13] *Es ist auch zulässig, dass ein Dritter im eigenen Namen, aber im Auftrag eines Hintermanns, einen Einspruch einlegt und das Einspruchsverfahren als Partei führt. Dies gilt sogar für einen Patentanwalt, da dessen Standesrecht einem derartigen Vorgehen nicht explizit entgegensteht.*

---

[11] Cole, Meier, Amiot, Die Kunst des Krieges von Sun Tzu, vollständige Ausgabe, S. 47.

[12] Cole, Meier, Amiot, Die Kunst des Krieges von Sun Tzu, vollständige Ausgabe, S. 47.

[13] § 59 Absatz 1 Satz 1 Patentgesetz.

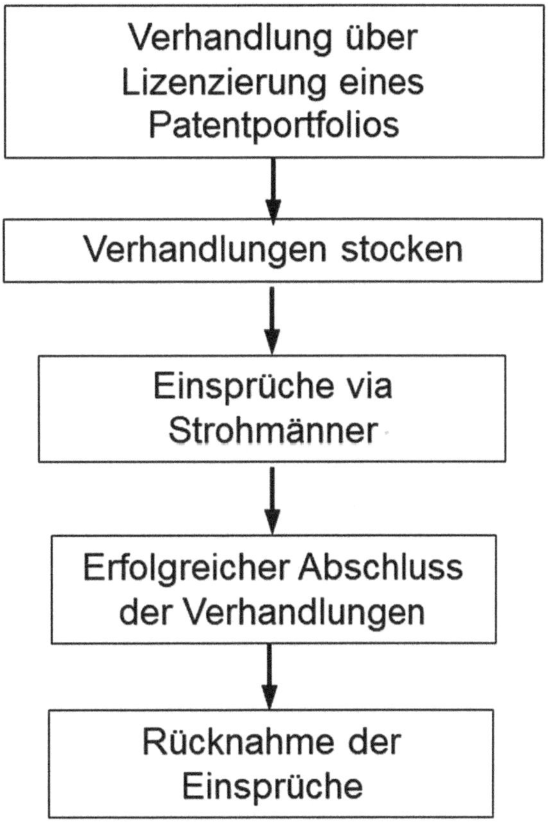

Abb. 6.1 Strohmann-Einsprüche bei Lizenzverhandlungen

7 Stärken und Schwächen

In diesem Kapitel wird das gezielte Herstellen von Situationen beschrieben, die die eigenen Stärken zur Geltung bringen und die Schwächen des Feindes ausnutzen. Beispielsweise ist es vorteilhaft, auf den Feind auf dem Schlachtfeld zu warten und mit ausgeruhten Kräften sofort in den Angriff überzugehen, wenn der Feind sich noch vom Marsch zum Schlachtfeld erholen muss. Kluge Feldherrn legen es daher immer darauf an, dass der Feind zu ihnen kommen muss.[1] Hier sieht man einen wesentlichen Bestandteil der Lehre des Sun Tzu, nämlich das kumulative Sammeln von kleinen Vorteilen, die in ihrer Gesamtheit zum Sieg führen.

7.1 Kämpfen wollen

Will man in die Schlacht, kann man den Feind zum Kampf zwingen, selbst wenn er sich hinter hohen Schutzwällen verschanzt. Hierzu werden die leicht verwundbaren Positionen angegriffen, die der Feind verteidigen muss und sich nicht leisten kann, aufzugeben.[2]

Der Patentfachmann kann ein Konkurrenzunternehmen durch Täuschung zu einem Eintritt in ein streitiges Verfahren locken. Beispielsweise könnte er eine branchenbekannt schwache Kanzlei für ein Verfahren demonstrativ öffentlich beauftragen. Hat die gegnerische Partei den Fehdehandschuh aufgenommen und ist in das Verfahren eingetreten, entzieht man der schwachen Kanzlei das Mandat und beauftragt eine kompetente Kanzlei.

[1] Chan, Die Kunst des Krieges, S. 24.

[2] Chan, Die Kunst des Krieges, S. 25.

T. H. Meitinger, *Die Kunst des Krieges im gewerblichen Rechtsschutz*,
https://doi.org/10.1007/978-3-662-73952-5_7

7.2 Nicht kämpfen wollen

Der Feind kann durch eine List davor abgeschreckt werden, in den Kampf zu ziehen.[3] Der Patentfachmann kann beispielsweise eine Kanzlei mit einem hervorragenden Ruf beauftragen, nur um die Gegenseite davor abzuschrecken, überhaupt ein streitiges Verfahren zu starten.

7.3 Bewegungen des Feindes steuern

Sun Tzu rät, wenn man möchte, dass der Feind an einen bestimmten Ort geht, die Hindernisse dorthin zu beseitigen. Sun Tzu empfiehlt, die Bewegungen des Feindes aktiv zu steuern. Man soll ihm alles bereitstellen, was er braucht, um dorthin zu gelangen, wo man möchte, dass er ist. Allerdings soll dies unmerklich geschehen. Der Feind soll nicht merken, dass er in eine Falle gelockt wird.[4] Beispielsweise könnte ein Unternehmen seine Schutzrechte nicht mehr durchsetzen, sodass dritte Unternehmen in dem entsprechenden technischen Gebiet tätig werden. Der Vorteil des eigenen Unternehmens könnte darin liegen, dass ein Markt für Ersatzteile entsteht, die nach wie vor patentgeschützt sind.

7.4 Unberechenbarkeit

Der kluge Feldherr taucht plötzlich da auf, wo er vom Feind nicht vermutet wird und schlägt zu, wenn der Feind nicht darauf vorbereitet ist.[5]

7.5 Fokussierung

Die eigene Armee ist geschlossen zu halten. Der kluge Feldherr veranlasst die feindliche Armee dazu, an mehreren Orten verteilt zu sein, während die eigene Armee konzentriert wird. Dadurch ist die eigene Armee immer in der Überzahl.[6] Der Patentfachmann sollte gewissenhaft und gründlich einen Fall bearbeiten. Aus diesem Grund sollte er sich auf die wirklich wichtigen Angelegenheiten für sein Unternehmen konzentrieren.

[3] Chan, Die Kunst des Krieges, S. 25.

[4] Cole, Meier, Amiot, Die Kunst des Krieges von Sun Tzu, vollständige Ausgabe, S. 49.

[5] Cole, Meier, Amiot, Die Kunst des Krieges von Sun Tzu, vollständige Ausgabe, S. 50.

[6] Eisenhofer, Sunzi. Die Kunst des Krieges, S. 52.

7.6 Schwächen nutzen

Sun Tzu rät dazu, den Feind zu erschöpfen und darauf zu warten, dass er überheblich wird und Fehler begeht.[7]

7.7 Stärken führen zu Schwächen

Sun Tzu erklärt: Stärkt der Feind seine Front wird sein Rücken schwach, stärkt er seine rechte Flanke, schwächt er seine linke Flanke. Nutze die Schwächen.[8]

7.8 Zersplitterung des Feindes

Die Formation des Feindes ist auszukundschaften und die eigene Formation geheim zu halten. Erkennt der Feldherr eine Zersplitterung der feindlichen Armee, ist dies auszunutzen. Eine zersplitterte Einheit des feindlichen Heers ist mit der gesamten eigenen Armee anzugreifen, sodass eine Unterzahl des Feindes einer Übermacht der eigenen Armee gegenübersteht. Der Gegner ist dann dem Untergang geweiht.[9]

7.9 Überraschender Ort der kriegerischen Auseinandersetzung

Der Feind soll darüber im Unklaren gelassen werden, wo die kriegerische Auseinandersetzung stattfinden soll. Er soll sich nicht auf die Gegebenheiten des Geländes vorbereiten können bzw. bereits sogar am voraussichtlichen Ort der Schlacht erste Stellungen aufbauen können.[10]

In einem gerichtlichen Verfahren ist die Strategie vorstellbar, in einem eigenen Schriftsatz viele Punkte vorzutragen und dadurch zu verschleiern, welche Punkte bedeutungsvoll sind. Beispielsweise könnte ein Thema A sehr ausführlich und ein Thema B eher stiefmütterlich behandelt werden. Da zumeist mehrere Schriftsätze vor einem mündlichen Verfahren ausgetauscht werden, kann diese Systematik in den eigenen Schriftsätzen wiederholt werden, sodass die irrige Auffassung der Gegenseite von den eigenen Prioritäten verfestigt wird. In der mündlichen Verhandlung kann dann das Thema B, das bislang eher nebensächlich abgehandelt wurde, fokussiert vorgetragen und zum entscheidenden Thema werden. Allerdings ist es wichtig, nicht in die Falle des „verspäteten Vorbringens" zu geraten.

[7] Cole, Meier, Amiot, Die Kunst des Krieges von Sun Tzu, vollständige Ausgabe, S. 51.

[8] Cole, Meier, Amiot, Die Kunst des Krieges von Sun Tzu, vollständige Ausgabe, S. 51.

[9] Chan, Die Kunst des Krieges, S. 25–26.

[10] Chan, Die Kunst des Krieges, S. 26.

Das eigene zentrale Thema muss daher zumindest rudimentär in das schriftliche Vorverfahren eingebracht werden.

Verspätetes neues Vorbringen *Ein neues Vorbringen bedeutet, dass in das Verfahren zum ersten Mal Dokumente des Stands der Technik, Änderung der Anträge, Änderung der Patentansprüche, falls dies über die ursprünglich verteidigte Fassung hinausgeht, oder eine vollständig neue Argumentation zu den bestehenden Dokumenten des Stands der Technik eingeführt wird. Neues Vorbringen sollte so früh wie möglich in das Verfahren eingeführt werden. Hätte ein Vorbringen früher in ein Verfahren eingebracht werden können und kann das befasste Gericht oder das betreffende Patentamt vermuten, dass dies aus prozesstaktischen Erwägungen nicht erfolgt ist, kann das Vorbringen insgesamt als verspätet zurückgewiesen werden.*

7.10 Spalten und schlagen

Sun Tzu lehrt: Schaffe möglichst viel Spaltung beim Feind und greife die einzelnen Gruppen dann nacheinander an.[11] Wie dieser Ratschlag befolgt wird, muss der Patentfachmann je nach konkreter Situation selbst entscheiden. Auf alle Fälle ist es nachteilig, wenn beispielsweise bei einem Einspruchsverfahren gegen ein eigenes Patent mehrere Einsprüche von unterschiedlichen Parteien vorliegen. Eventuell wäre es in einem solchen Fall vorteilhaft, mit einzelnen Einsprechenden ein Übereinkommen zu treffen, sodass diese ihren Einspruch zurückziehen. Werden Einsprüche zurückgezogen bedeutet das nicht automatisch das Ende eines Einspruchsverfahren, denn für einen Einspruch gilt der Amtsermittlungsgrundsatz. Aber zumindest werden von dem bisherigen Einsprechenden keine neuen Argumente oder ein neuer Stand der Technik in das Verfahren eingebracht.

Sun Tzu lehrte daher damals bereits das Prinzip des „Teilen und Herrschen", bei dem die Gegenseite gespalten und in Widerstreit zueinander gebracht wird und damit eine große Mehrzahl an Menschen durch eine kleine Gruppe von Personen dominiert werden kann.

Dem Buch von Sun Tzu kann auch entnommen werden, dass in der Gruppe der Gegner Zwietracht gesät werden soll, um Auseinandersetzungen innerhalb der Gruppe zu erzeugen. Auf diese Weise kann am wirkungsvollsten eine Schwächung der Gegner erreicht werden.

Teilen und herrschen (divide et impera) Dieses Prinzip wird historisch Julius Cäsar zugeschrieben, der durch Täuschungen und verdeckte Aktionen die Gallier in miteinander verfeindete Gruppen spalten und dadurch Gallien dem römischen Imperium eingliedern konnte.[12]

[11] Cole, Meier, Amiot, Die Kunst des Krieges von Sun Tzu, vollständige Ausgabe, S. 51.

[12] Wikipedia, https://en.wikipedia.org/wiki/Divide_and_conquer, abgerufen am 15.2.2026.

Amtsermittlungsgrundsatz (Untersuchungsgrundsatz) Im deutschen und im europäischen Einspruchsverfahren gilt der Amtsermittlungsgrundsatz.[13] *Demnach sind die Einspruchsabteilungen nicht an die Anträge der Parteien gebunden, sondern können den Sachverhalt von Amts wegen verfolgen. Insbesondere ist ein Einspruchsverfahren durch das Zurückziehen der Einsprüche nicht automatisch beendet, sondern kann auch ohne Einsprechende fortgesetzt werden.*[14]

7.11 Überdehnung

Der Feind ist in Ungewissheit zu halten, damit er nicht ahnen kann, wo er angegriffen wird. Er ist dann gezwungen, seine sämtlichen Positionen gleichmäßig stark zu halten, sodass keine Stellung besonders stark ist. Dehnt sich der Feind zudem immer weiter aus, kommt es zur Überdehnung und alle Stellungen des Feindes sind schwach. Eine Überdehnung kann der Untergang des Feindes bedeuten.[15]

Eine „Überdehnung" der Patentabteilung eines Konkurrenzunternehmens kann vielleicht von außen nicht provoziert werden, aber sie kann zumindest diagnostiziert werden und daraus Schlüsse gezogen werden. Es gibt einige Veranstaltungen und Kongresse auf denen sich Patentanwälte und Patentsachbearbeiter aus Unternehmen treffen. Oft gibt es einen geselligen Teil, der leicht ein Gefühl des Vertrauen-Könnens suggeriert. Hier ist besondere Vorsicht geboten. Es sollte nicht in einer weinseligen Stimmung Kanzlei- oder Unternehmens-Interna ausgeplaudert werden. Es können sich Nachteile ergeben, an die man in der geselligen Runde mit Unbekannten nicht gedacht hat.

7.12 Ein kleines, effektives Heer ist vorzugswürdig

Sun Tzu lehrt, dass ein großes Heer eher schaden als nützen kann. Insbesondere kann ein großes Heer einem kleinen, aber wendigen Heer unterlegen sein. Für ein Unternehmen gilt, dass eine große Anzahl an Schutzrechten per se kein Vorteil sein muss. Insbesondere stellt ein umfangreiches Patentportfolio allein bereits durch die progressiv steigenden Jahresgebühren ein Kostenrisiko dar. Es ist empfehlenswert, lieber wenige aber wertvolle Patente zu besitzen, als eine große Masse an teilweise wertlosen Scheinrechten. Der Patentfachmann in einem Unternehmen sollte daher darauf drängen, ökonomisch wertvolle Erfindungen zum Patent anzumelden. Es können hierbei auch Widerstände oder ein Unverständnis der Mitarbeiter des betreffenden Unternehmens zu überwinden sein. Das Ausarbeiten einer Erfindungsmeldung kann bereits daran scheitern, dass die zusätzliche Mühe und darauffolgende Kommunikation mit der Patentabteilung gescheut wird. Der

[13] Artikel 114 Absatz 1 Europäisches Patentübereinkommen EPÜ.

[14] § 61 Absatz 1 Satz 3 Patentgesetz.

[15] Cole, Meier, Amiot, Die Kunst des Krieges von Sun Tzu, vollständige Ausgabe, S. 52.

Patentfachmann sollte daher selbst auf die entsprechenden Mitarbeiter zugehen und sich nach Erfindungen erkundigen. Außerdem wird man als Patentfachmann in einem Unternehmen immer wieder feststellen, dass sich die Mitarbeiter überhaupt nicht bewusst sind, dass sie patentfähige Erfindungen entwickelt haben. Regelmäßig wird angenommen, dass die Erfindung „doch nichts Besonderes sei". Den Mitarbeitern ist oft nicht bewusst, dass ein Patent ein ökonomisches Schutzrecht ist und nicht die besondere ingenieurmäßige Topleistung auszeichnen soll.

7.13 Formlosigkeit als Ideal

Der Feind wird versuchen, die eigenen Pläne und Strategien herauszufinden. Er wird Spione ansetzen und Kundschafter aussenden. Die Armee des klugen Feldherrn muss daher formlos erscheinen, damit keine verlässlichen Informationen gesammelt werden können. Der kluge Feldherr ist undurchschaubar und seine Armee kann flexibel eingesetzt werden, so kann sie jede scheinbar ausgekundschaftete Strategie konterkarieren.[16]

In einem streitigen Verfahren sollte die Gegenseite nie genau erfahren können, was genau bzw. zumindest angestrebt wird. Auf diese Weise kann das gerichtliche Verfahren mit einem Vergleich abgeschlossen werden, der vorteilhaft ist, da besser gepokert und mehr erlangt werden kann als nur das gewünschte Minimum.

7.14 Feindbeobachtung

Sun Tzu rät dazu, den Feind ständig zu beobachten und jede seiner Schritte zu registrieren. Es ist wichtig, sich in den Feind hineinzuversetzen und seine Absichten, Ängste und Hoffnungen zu erahnen.[17] Es muss für den Patentfachmann eine Selbstverständlichkeit sein, den Wettbewerb zu beobachten. Er sollte dabei auch Newcomer nicht ignorieren. Es ist sehr zu empfehlen, in dieses Monitoring eine Patentanwaltskanzlei einzubeziehen, um noch zusätzlich eine objektive Instanz zur Wettbewerberüberwachung zu nutzen. Kann frühzeitig ein zunehmender Wettbewerb festgestellt werden, ist eine verstärkte Patentanmeldetätigkeit in dem betreffenden technischen Gebiet angezeigt.

[16] Chan, Die Kunst des Krieges, S. 26.

[17] Cole, Meier, Amiot, Die Kunst des Krieges von Sun Tzu, vollständige Ausgabe, S. 52–53.

7.15 Testen um zu erkennen

Sun Tzu rät: Teste den Feind, um seine Stärken und Schwächen zu erkennen. Insbesondere wenn in einem Konkurrenzunternehmen ein neuer Patentabteilungsleiter eingestellt wird, kann der Bedarf bestehen, die Stärken und Schwächen dieser Person näher kennenzulernen. Hierzu wäre auch ein Einspruch über einen Strohmann ein mögliches Instrument.

7.16 Anpassungsfähigkeit

Ein kluger Feldherr nutzt die unterschiedlichen Situationen und kann sich ihnen anpassen, sodass vorteilhafterweise sein Verhalten vom Feind nicht vorhergesehen werden kann und er die Besonderheiten der Situation zu nutzen weiß.[18]

Der Patentfachmann sollte sich ständig mit der aktuellen Rechtsprechung vertraut machen. Es ist durchaus möglich, dass eine etablierte Rechtsprechung plötzlich vollständig geändert wird, da beispielsweise der Bundesgerichtshof seine Meinung geändert hat. Es wäre fatal, einen derartigen „Kurswechsel“ zu verpassen und deswegen in der Rechtspraxis mit den Patentämtern oder vor den Gerichten Niederlagen zu erleiden. Der Patentfachmann sollte daher einen Zugang zu rechtswissenschaftlichen Datenbanken haben, um sich zeitnah über Entscheidungen der Gerichte und Meinungsänderungen in der Anwaltschaft zu informieren.

7.17 Der Sieg ist unbegreiflich

Das Volk wird nicht begreifen, wie ein Krieg erfolgreich gewonnen wurde. Das Volk wird eine gewonnene Schlacht für den Sieg verantwortlich machen und nicht erkennen, was die Voraussetzung des Siegs war, nämlich gründliche Vorbereitung und Planung. Natürlich wird das Volk auch nicht erkennen, dass Spionage und Täuschung wesentliche Instrumente des Erfolgs waren, da diese Instrumente im Dunkeln bleiben.[19] Dasselbe gilt für einen erfolgreichen Patentfachmann, dessen akribische Arbeit zum Erfolg führt, wobei die gründliche Vorbereitung und Planung jedoch weder erkannt noch gewürdigt wird.

[18] Cole, Meier, Amiot, Die Kunst des Krieges von Sun Tzu, vollständige Ausgabe, S. 56.

[19] Chan, Die Kunst des Krieges, S. 27.

7.18 Zusammenfassung

Sun Tzu lehrt, dass alle Kriegskunst Täuschung ist. Der Gegner soll über die eigenen Schwächen und Stärken im Unklaren gelassen werden.[20] Insbesondere sollte darauf geachtet werden, dass ein Konkurrent nicht anhand der Patentanmeldetätigkeit die eigene Unternehmensstrategie erraten kann.

Das Patentamt hält Patentanmeldungen 18 Monate geheim.[21] Dennoch kann es für ein Unternehmen notwendig sein, die eigene Patentanmeldetätigkeit länger als 18 Monate vor den Konkurrenten geheim zu halten. Eventuell ist sogar ein Täuschungsmanöver zusätzlich erforderlich.

Abb. 7.1 zeigt wie eine glaubhafte Täuschung über die eigene Patentanmeldetätigkeit gelingen kann. Zum einen werden die wichtigen Patentanmeldungen von einem Strohmann beim Patentamt eingereicht. Damit die Konkurrenten nicht darüber überrascht sind, dass keine Patentanmeldungen getätigt werden, können Fake-Anmeldungen im eigenen Namen eingereicht werden, die technische Themen behandeln, die überhaupt nicht von Interesse sind.

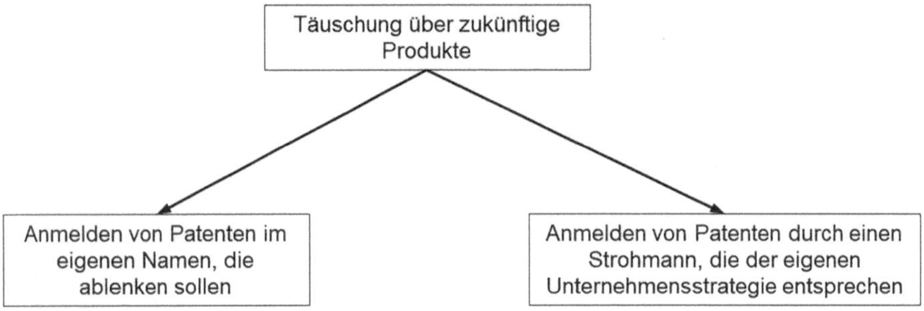

Abb. 7.1 Täuschung über die Patentanmeldetätigkeit

[20] Cole, Meier, Amiot, Die Kunst des Krieges von Sun Tzu, vollständige Ausgabe, S. 58.

[21] § 31 Absatz 2 Nr. 2 Patentgesetz.

8 Kampf

Das Kapitel „Kampf" von Sun Tzu gibt Empfehlungen zu taktischen Bewegungen der Armee kurz vor und während der Schlacht, um günstige Ausgangspositionen einzunehmen bzw. Risiken und Niederlagen zu vermeiden. Sun Tzu beschreibt die eigentliche Schlacht als eine große Herausforderung an den Feldherrn, die große Anstrengungen von der Armee abverlangt. Sun Tzu vergleicht eine Schlacht mit einem verschlungenen, gewundenen Weg, den man entlang rennt, und dessen Anforderungen und Widrigkeiten zu Vorteilen umzumünzen sind, um die Schlacht zu gewinnen.[1]

8.1 Schlacht als Chance und Risiko

Eine Schlacht kann einen großen Gewinn verheißen oder den Untergang bedeuten. Insbesondere kann es der Anfang vom Ende bedeuten, wenn das eigene Heer ständig einem vermeintlichen Vorteil hinterher rennt, ohne einen entscheidenden Vorteil zu erringen.[2] Der Kriegsherr muss darauf achten, selbst die Richtung vorzugeben und nicht zum Getriebenen zu werden. Ansonsten droht die Gefahr, dass er in einen Hinterhalt gerät.

Wenn der Patentfachmann das Gefühl hat, von der Gegenseite gesteuert bzw. manipuliert zu werden, sollte er sich überlegen, von was er weggelockt bzw. wohin er gelockt werden soll. Das gilt beim Aufbau seines Patentportfolios, das auch als Reaktion auf die Handlungen der Konkurrenzunternehmen vorgenommen wird, und für anhängige gerichtliche Verfahren.

[1] Eisenhofer, Sunzi. Die Kunst des Krieges, S. 59.

[2] Eisenhofer, Sunzi. Die Kunst des Krieges, S. 59.

T. H. Meitinger, *Die Kunst des Krieges im gewerblichen Rechtsschutz*,
https://doi.org/10.1007/978-3-662-73952-5_8

8.2 Harmonie

Gibt es keine Harmonie im Staat, kann keine Harmonie in einer Armee herrschen. Ohne Harmonie ist die Armee kein schlagkräftiger Kampfverband.[3] Die Motivation in einer Patentabteilung ist für deren Erfolg entscheidend.

8.3 Verwandle Fernes in Nahes

Sun Tzu lehrt, dass es die Aufgabe des Feldherrn ist, Vorteile vor der entscheidenden Schlacht herauszuarbeiten. Der kluge Feldherr kann Widrigkeiten umschiffen und Vorteile nutzen. Er kann die Kriegsführung so gestalten, dass der Feind lange Strecken und die eigene Armee nur kurze Strecken zurücklegen muss. Die feindliche Armee ist daher stets erschöpft und die eigenen Truppen sind zu jeder Zeit ausgeruht. Auf diese Weise wird „Fernes in Nahes" verwandelt.[4]

8.4 Niederlage durch schlecht geplante Schlacht

Eine Schlacht, die nicht gründlich vorbereitet wurde, sollte nicht begonnen werden. Dies gilt ebenso für eine Schlacht, bei der nach gründlicher Vorbereitung nicht eindeutig erkennbar ist, dass sie gewonnen wird.

Ein Problem im gewerblichen Rechtsschutz ist, dass die rechtliche Situation oft subjektiv, also irreführend, gesehen wird. Wird ein Patentanwalt mit der Vorbereitung einer gerichtlichen Auseinandersetzung beauftragt, wird auch dieser eher von einem subjektiven Wunschdenken geleitet sein und tendenziell die Erfolgschancen eher positiv angeben. Eine Möglichkeit besteht darin, über einen Strohmann einen zweiten Patentanwalt einer anderen Kanzlei zu beauftragen, der einen Klageschriftsatz für die Gegenseite ausarbeitet. Die Schriftsätze der beiden Patentanwälte können dann gegenüber gestellt werden, um festzustellen auf welcher Seite die besseren Argumente zu finden sind. Zusätzlich kann ein Mock-Verfahren veranstaltet werden, bei dem das anstehende Verfahren vorab in realer Weise durchgespielt wird.

[3] Chan, Die Kunst des Krieges, S. 27.

[4] Chan, Die Kunst des Krieges, S. 27.

8.5 Weite Strecken schnell zurücklegen

Sun Tzu ermahnt: Wenn der Feind weiß, dass du eine weite Strecke zurücklegen musst, überwinde die Strecke sehr schnell. Auf diese Weise nutzt du den Nachteil der weiten Strecke zu deinem Vorteil, denn du überrascht den Feind durch frühes Dasein.[5]

Es ist ein oft erlebtes Vorgehen der Gegenseite kurz vor einer Verhandlung mit einer großen Zahl an Dokumenten zu überraschen. Damit soll die andere Partei überfordert, demoralisiert und eingeschüchtert werden. Allerdings bietet ein derartiges Vorgehen der Gegenseite auch eine Chance, immerhin wurde auch das befasste Gericht mit den Dokumenten bedacht und erachtet es wahrscheinlich als Zumutung. Werden diese Dokumente nun schnell gesichtet und eine plausible Kategorisierung vorgenommen, sodass eventuell eine große Anzahl der Dokumente bereits als weniger bedeutsam bestimmt werden können, besteht die Chance, dass das Gericht diese Argumentation gerne aufnimmt und sich zu eigen macht. In diesem Fall hätte man sogar das Vorgehen der Gegenseite dazu genutzt, die eigene Argumentation zu befördern. Aus einem Nachteil erwächst ein Vorteil.

8.6 Täuschung

Sun Tzu rät dazu, aktiv zu sein, wenn der Feind glaubt, man sei untätig. Sei wachsam, wenn er annimmt, du bist träge.[6] Es ist eine wesentliche Aufgabe des Patentfachmanns eines Unternehmens zu verschleiern, welche technischen Gebiete aktuell und insbesondere in der Zukunft für das eigene Unternehmen von Bedeutung sind. Hierdurch kann verhindert werden, dass die Konkurrenzunternehmen verstärkt Patente anmelden, die bei der Umsetzung der Unternehmensstrategie störend sind.

8.7 Finten erkennen

Siegen wird derjenige, der klüger ist. Ein kluger Feldherr erkennt Fallen und führt den Feind in die Irre. In einem Krieg wird nicht der Tapfere oder Mutigste als Feldherr siegreich sein, sondern der Listenreichere.[7] Die Tätigkeit eines Patentfachmanns ist durch Gegensätze gekennzeichnet. Im Vorfeld ist ein detailgenaues, nüchternes und knochentrockenes Studium der Unterlagen erforderlich, das der gründlichen Vorbereitung jedes streitigen Verfahrens vorausgeht. Während des Verfahrens kann jedoch ein kreatives Vorgehen erforderlich sein, um entscheidende Vorteile zu erarbeiten.

[5] Cole, Meier, Amiot, Die Kunst des Krieges von Sun Tzu, vollständige Ausgabe, S. 60.

[6] Cole, Meier, Amiot, Die Kunst des Krieges von Sun Tzu, vollständige Ausgabe, S. 59.

[7] Chan, Die Kunst des Krieges, S. 29.

8.8 Anzeichen erkennen

Ein kluger Feldherr wartet auf Anzeichen von Unordnung und Durcheinander im feindlichen Heer. Erst wenn sich diese Anzeichen ergeben, greift er an. Stellt der Feldherr fest, dass im gegnerischen Heer eine vollkommene Ordnung herrscht, wartet er ab.[8]

8.9 Keine Ruhepausen

Der Feind muss überrascht werden, beispielsweise durch einen sehr schnellen Vormarsch. Hat man ihn überrascht, darf man ihm keine Zeit geben, sich zu fassen. Stattdessen muss das Überraschungsmoment genutzt und der Feind sofort angegriffen werden. Würde man stattdessen nach dem schnellen Vormarsch erst der eigenen Armee eine Zeit zur Erholung geben, könnte sich der Feind von dem Schock der Überraschung erholen. Der erarbeitete Überraschungseffekt würde verpuffen und die Mühe wäre vergebens gewesen. Schlimmer noch, der Feind wäre deutlich erholter und stärker und könnte den Nachteil der Überraschung in einen Vorteil der überlegenen, ausgeruhten Kräfte verwandeln.

Dem Patentfachmann sollte während eines streitigen Verfahrens klar sein, dass eine Ausnahmesituation vorliegt und daher eventuell geplante Ruhepausen, insbesondere Urlaub, geopfert werden müssen, um das Verfahren erfolgreich zu führen. Ist man dazu nicht bereit, sollte man keine streitigen Verfahren beginnen.

8.10 Achte auf Ordnung, Gesundheit und Sicherheit der Armee

Im Krieg muss eine Armee gut versorgt werden, um kampffähig zu sein. Entsprechende Vorräte sind anzulegen.[9] Der Patentfachmann eines Unternehmens sollte immer darauf achten, dass er genügend Ressourcen für eine Auseinandersetzung zur Verfügung hat. Insbesondere sind ausreichend finanzielle Mittel vorzusehen, um einen versierten, externen Patentanwalt zu engagieren. Ausreichend finanzielle Mittel können insbesondere dadurch sichergestellt werden, dass das Unternehmen nur solche Schutzrechte unterhält, die einen positiven Beitrag zur Umsetzung der Unternehmensstrategie leisten.

8.11 Gräben zum Schein ausheben

Sun Tzu erzählt die Geschichte eines Feldherrn, der von seiner Armee demonstrativ Gräben ausheben und umfangreiche Befestigungsanlagen errichten ließ. Nachdem die Anlagen errichtet waren, wartete er nur eine kurze Zeit und ließ dann nach einem Gewalt-

[8] Chan, Die Kunst des Krieges, S. 31.

[9] Cole, Meier, Amiot, Die Kunst des Krieges von Sun Tzu, vollständige Ausgabe, S. 61.

marsch von 2 Tagen seine Armee überraschend den Feind angreifen. Es war nie der Plan des Feldherrn gewesen, die Anlagen benötigen zu müssen. Sie wurden nur zum Schein errichtet, um den Feind zu täuschen. Die befestigten Anlagen sollten eine Unbeweglichkeit suggerieren und durch den Gewaltmarsch wurde maximale Geschwindigkeit realisiert, was dann zum vernichtenden Überraschungsangriff führte.[10] Der Patentfachmann sollte sich auch nicht täuschen lassen. Errichtet ein Konkurrenzunternehmen in einem Land eine Reihe von Hallen, kann das der Ablenkung dienen und ist kein sicheres Zeichen dafür, dass dieses Land für den Wettbewerber von besonderer Bedeutung ist oder er genau dort seine Produktionsstätten plant.

8.12 Der Feind hungert, die eigene Armee nicht

Sun Tzu rät dazu, permanent kleine Vorteile herauszuarbeiten. Es ist vorteilhaft, wenn das feindliche Heer konstant in Bewegung gehalten wird, und daher zu jedem Zeitpunkt erschöpft ist. Es ist außerdem vorteilhaft, wenn die gegnerische Armee wenig Trinkwasser und Nahrung zur Verfügung hat und daher ständig unterernährt und durstig ist.[11] Sun Tzu lehrt, dass die Kriegsführung ein ständiges Erarbeiten von Vorteilen und ein ständiger Vergleich von Alternativen auf ihre Vorteile und Nachteile ist. Das Kriegsgeschäft erfordert ein kühl rechnendes und abwägendes Vorgehen. Dasselbe gilt für die Arbeit des Patentfachmanns, der ebenfalls akribisch bei seiner Tätigkeit sein muss. Im Patentrecht kann ein Halbsatz, teilweise ein einzelnes Wort, in einem Patent darüber entscheiden, ob ein streitiges Verfahren gewonnen oder verloren wird. Der Patentfachmann muss daher akribisch und detailversessen arbeiten.

8.13 Durch Verunsicherung zum Sieg

Sun Tzu rät dazu, den Feind im Unklaren über die eigene Stärke und Möglichkeiten zu lassen. Verunsicherung mindert die Moral. Stärken, die nicht bekannt sind, können zu einem Überraschungsangriff genutzt werden.[12] Es ist sinnvoll, vor Beginn eines Nichtigkeitsverfahrens gegen ein Patent eines Konkurrenzunternehmens, der Gegenseite die Absicht zum Einlegen einer Nichtigkeitsklage mitzuteilen. Der Gegenseite kann der fertige Schriftsatz der Nichtigkeitsklage übermittelt werden, sodass dem Konkurrenzunternehmen klar ist, dass die Einreichung der Klageschrift unmittelbar bevorsteht. Alternativ können nur einzelne Dokumente des Stands der Technik an die Gegenseite übersendet werden, wobei zusätzlich mitgeteilt wird, dass man noch weitere Dokumente vorliegen habe, die noch relevanter sind. Beide Vorgehensweisen können vorteilhaft sein, um kurzfristig Ver-

[10] Chan, Die Kunst des Krieges, S. 28.

[11] Chan, Die Kunst des Krieges, S. 31.

[12] Chan, Die Kunst des Krieges, S. 32.

handlungen mit der Gegenseite zu forcieren und eine günstige Lizenzvereinbarung bezüglich dem Patent der Gegenseite zu erlangen.

8.14 Kenntnis des Geländes

Sun Tzu empfiehlt, ein Gelände vor einer bevorstehenden Schlacht genauestens zu studieren und jeden Hügel, jede Schlucht, jeden Sumpf, jeden Fluss und jede weite Ebene in das Kalkül einzubeziehen.[13] Der Patentfachmann und der Patentanwalt einer Kanzlei sollten sich unbedingt über die aktuellen Entwicklungen und bevorstehenden Gesetzesänderungen auf dem Laufenden halten. Ein Patentfachmann sollte mindestens einmal in einem halben Jahr eine größere Veranstaltung oder Kongress besuchen, um mit Patentsachbearbeitern und Patentanwälten aus anderen Unternehmen zu sprechen. Die Vorträge dieser Veranstaltungen geben einen Einblick in die aktuellen Themen des gewerblichen Rechtsschutzes. Kleinere Veranstaltungen können alle 2 bis 3 Monate besucht werden. Hierdurch wird sichergestellt, dass keine wesentliche Entwicklung, die Patente, Gebrauchsmuster, Marken, Designrechte oder das Arbeitnehmererfindungsrecht betreffen, verpasst wird.

Abb. 8.1 zeigt einen empfehlenswerten Rhythmus bei der Wahrnehmung von Kongressen und Veranstaltungen des gewerblichen Rechtsschutzes. Dem Patentfachmann sollte dringend daran gelegen sein, aktuelle Entwicklungen nicht zu verpassen. Eine Mindestanzahl an Besuchen von Veranstaltungen kann sicherstellen, dass keine gravierenden Gesetzesnovellen verpasst werden.

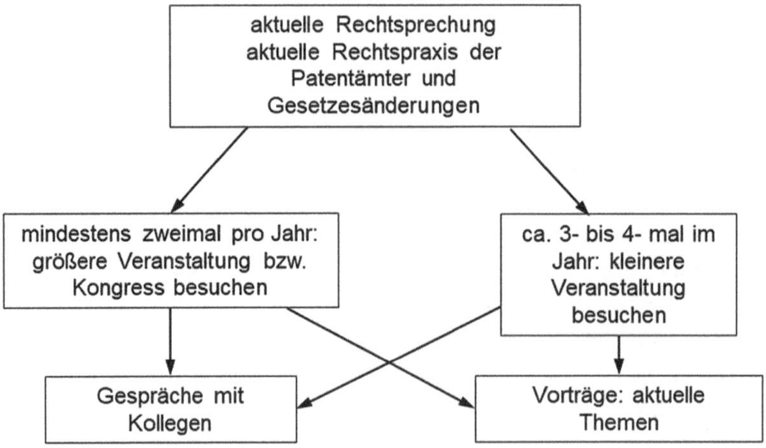

Abb. 8.1 Teilnahme an Kongressen und Veranstaltungen

[13] Cole, Meier, Amiot, Die Kunst des Krieges von Sun Tzu, vollständige Ausgabe, S. 62.

8.15 Verzweiflung macht stark

Ist der Feind verzweifelt und gibt es für ihn nur noch die Wahl zwischen kämpfen und sterben, ist er zu allem bereit und kann über sich hinaus wachsen. Ein in die Enge getriebener Feind ist gefährlich. Dasselbe gilt für die eigene Armee. Besteht für die eigene Truppe keine Fluchtmöglichkeit mehr, wird sie erbittert kämpfen und kann dadurch auch gegen einen übermächtigen Gegner siegen.[14] Man sollte nie die Kraft unterschätzen, die durch Motivation entfacht wird. Ist es klar, dass das eigene Unternehmen gefährdet ist, können ungeahnte Kräfte in den Mitarbeitern freigesetzt werden.

8.16 Zusammenfassung

Mit Manövrieren ist das geschickte Anpassen an die jeweilige Situation gemeint. Hierzu ist Flexibilität und ein gutes Timing erforderlich.[15] Ein „Patentkrieg" sollte gestartet werden, wenn das Konkurrenzunternehmen zu selbstsicher ist und sich für unbesiegbar hält. Können Schwächen des Patentportfolios ausgemacht werden und ist die Patentabteilung des Konkurrenzunternehmens geschwächt und überheblich, bietet sich der richtige Zeitpunkt zum Angriff. Hierzu sollte zuvor die Handlungsweise der Patentabteilung bzw. der Kanzlei betrachtet werden, die vom Konkurrenzunternehmen beauftragt wird. Wurden die letzten streitigen Verfahren verloren oder wurden diese zumindest nur nachlässig und unprofessionell geführt, bieten sich gute Siegchancen.

Abb. 8.2 verdeutlicht, dass das Sprichwort „Hochmut kommt vor dem Fall" auch für den Bereich des gewerblichen Rechtsschutzes gilt. Durch Selbstüberschätzung droht Nachlässigkeit und damit eine nicht sorgfältige Bearbeitung der Fälle. Eine nicht gründliche Bearbeitung ist jedoch im gewerblichen Rechtsschutz verheerend, da es auf einen Halbsatz in einem 30-seitigen Dokument des Stands der Technik ankommen kann, ob ein Verfahren erfolgreich beendet wird.

[14] Cole, Meier, Amiot, Die Kunst des Krieges von Sun Tzu, vollständige Ausgabe, S. 66.

[15] Cole, Meier, Amiot, Die Kunst des Krieges von Sun Tzu, vollständige Ausgabe, S. 66.

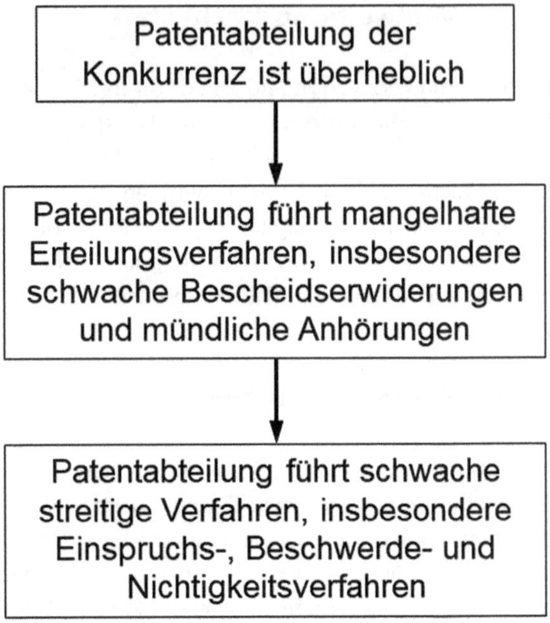

Abb. 8.2 Patentabteilung der Konkurrenz ist überheblich und schwach

9 Schnelles Ändern der Taktik

Der Feldherr soll seine Armee je nach dem Gelände führen. Ist das Gelände sumpfig, karg mit dichten Wäldern und steilen Bergen kann Unterstützung nur schwer zur Armee gelangen und die Armee kann gegen überraschende Überfälle nicht geschützt werden. Der Feldherr sollte ein derartiges Gelände meiden. Abgelegene Gegenden mit wenig Wasserquellen, in denen Nahrungsmittel kaum zu finden sind, sind ebenfalls für einen langen Aufenthalt einer Armee ungeeignet. Weist das Gelände überhaupt keine Möglichkeiten auf, eine Armee zu schützen oder zu ernähren, ist es umgehend zu verlassen.[1] Sun Tzu betont, dass der Feldherr auf alle Details der Kriegsführung zu achten hat. Das Gelände, also die äußeren, nicht-abwandelbaren Gegebenheiten, sind ebenso laufend zu bewerten wie der Zustand der eigenen und der feindlichen Armee. Eine Unterbrechung der laufenden Analyse sämtlicher Aspekte der Kriegsführung kann dazu führen, dass für einen kurzen Zeitraum nachteilige Randbedingungen bestehen, die vom Feind ausgenutzt werden.

9.1 Kumulation kleiner Vorteile

Kleine Schritte, die Vorteile bringen, sollten nicht ignoriert werden. Kleine Vorteile können in einer Schlacht die Überlegenheit und den Sieg bedeuten. Das Ansammeln von kleinen Vorteilen kann zu einem insgesamt großen Vorteil führen.[2] Sun Tzu lehrt, dass die Kriegsführung keine Pausen zulässt. Ständig und alles muss analysiert und auf seine Eigenschaften, Vorzüge und Nachteile bewertet werden. Vormarsch, Rückzug oder Angriff resultieren daraus nahezu automatisch. Dasselbe gilt für den Patentfachmann eines Unternehmens, der ständig sämtliche relevanten Daten sammelt und je nachdem Erfindungen

[1] Cole, Meier, Amiot, Die Kunst des Krieges von Sun Tzu, vollständige Ausgabe, S. 67.

[2] Cole, Meier, Amiot, Die Kunst des Krieges von Sun Tzu, vollständige Ausgabe, S. 68.

T. H. Meitinger, *Die Kunst des Krieges im gewerblichen Rechtsschutz*,
https://doi.org/10.1007/978-3-662-73952-5_9

zum Patent anmeldet, Einspruchs- und Nichtigkeitsverfahren einleitet oder in Lizenzverhandlungen eintritt.

9.2 Richtig bewerten

Die einzelnen geplanten Schritte in einem Krieg sind vorab genau abzuschätzen. Erst dann kann bewertet werden, ob der geplante nächste Schritt sinnvoll ist. Der Feldherr muss außerdem wirkliche Vorteile von scheinbaren Vorteilen unterscheiden können. Nur so kann er seine Ressourcen effektiv einsetzen.[3] Der Patentfachmann sollte sich vor einer Selbsttäuschung bewahren und die eigenen Patente und die aktuellen Verfahren objektiv bewerten. Zur Kontrolle ist es durchaus sinnvoll, eine externe spezialisierte Anwaltskanzlei mit der Bewertung der eigenen Schutzrechte eines bestimmten technischen Gebiets zu betrauen. Zusätzlich kann ein Vergleich mit den Schutzrechten desselben technischen Gebiets eines Konkurrenzunternehmens erfolgen.

9.3 Unternehmensstrategie ist Richtschnur

Anpassungsfähigkeit und Flexibilität ist gefordert. Allerdings ist stets sicherzustellen, dass die Handlungen und Maßnahmen der Patentabteilung dem Umsetzen der Unternehmensstrategie dienen und diese keinesfalls konterkarieren. Handlungen, die keinen direkten positiven Einfluss auf die Unternehmensstrategie aufweisen, können bereits als ein Zuwiderlaufen angesehen werden, da sie wertvolle Ressourcen verbrauchen, die nicht mehr für die Unternehmensstrategie zur Verfügung stehen.

9.4 Disziplin

Sun Tzu lehrt, dass Disziplin erforderlich ist, um erfolgreich zu sein.[4] Disziplin ist auch bei dem Aufbau eines Patentportfolios notwendig. Das eigene Patentportfolio darf nicht zu einem Wildwuchs geraten, dessen Schutzrechte in beliebig vielen technischen Bereichen angesiedelt sind. Wirkliche Stärke eines Patentportfolios, die auch in Verhandlungen durchsetzbar ist, kann nur durch ein Fokussieren auf ein technisches Gebiet gelingen. Ist ein Patentportfolio vollständig zersplittert und fragmentiert, zeigt das, dass die Patentabteilung des betreffenden Unternehmens nicht nach der Unternehmensstrategie vorgeht oder dass es keine Unternehmensstrategie gibt. In diesem Fall dümpelt das Unternehmen ziellos umher.

[3] Cole, Meier, Amiot, Die Kunst des Krieges von Sun Tzu, vollständige Ausgabe, S. 69.

[4] Cole, Meier, Amiot, Die Kunst des Krieges von Sun Tzu, vollständige Ausgabe, S. 75.

Abb. 9.1 zeigt ein zersplittertes, fragmentiertes Patentportfolio, das in aller Regel bei Crosslicensing-Verhandlungen als minderwertig angesehen wird.

Abb. 9.2 zeigt ein ausgerichtetes Patentportfolio, das wirkungsvoll einen konkreten technischen Bereich abdeckt. Bei Verhandlungen über dieses technische Gebiet wird man ein derartiges Patentportfolio kaum ignorieren können.

Zur Orientierung, ob ein Patentportfolio ein technisches Gebiet abdeckt, kann das Patentportfolio nach bestimmten Kriterien geprüft werden. Insbesondere kann geprüft werden, ob die alternativen Produkte, das Herstellverfahren, das besondere System, in die die Produkte eingebunden sind, und die konkreten Anwendungen geschützt sind. Diese verschiedenen Aspekte können für jedes Land geklärt werden.

Abb. 9.1 Fragmentiertes Patentportfolio

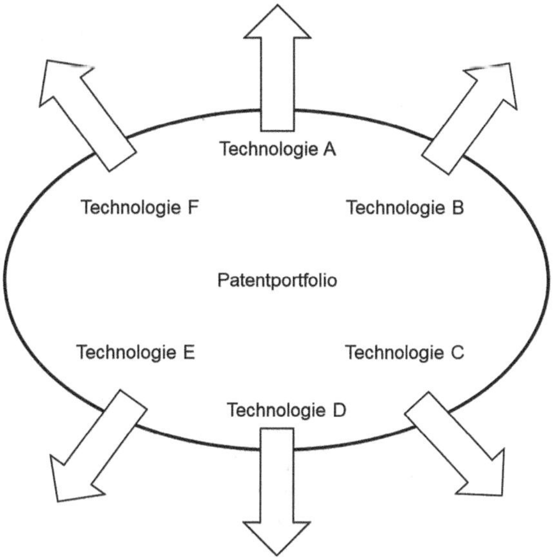

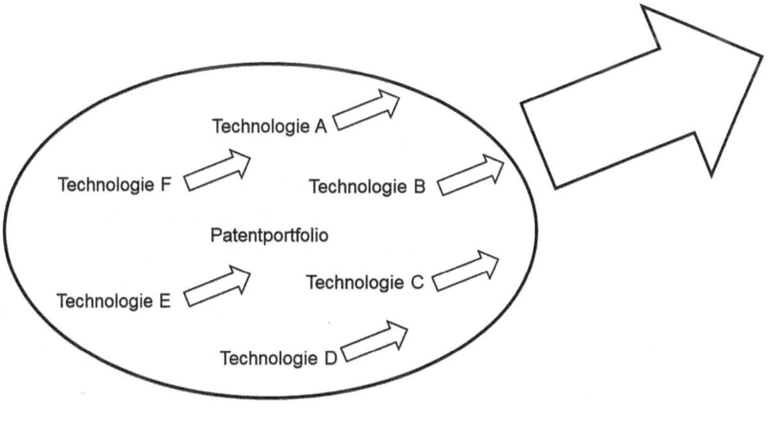

Abb. 9.2 Ausgerichtetes Patentportfolio

Tab. 9.1 Übersicht über ein geschütztes technisches Gebiet

Technisches Gebiet, z. B. Zahnarztbohrer	Deutschland	Europa	USA	China	Japan	Korea
Produkt A	Patent	Patent	Patent	Patent	Patent	Patent
Produkt B	Patent			Patent		
Produkt C						
Produkt D						
Produkt E	Patent			Patent		
System	Patent					
Verfahren A	Patent			Patent		
Verfahren B		Patent				
Verfahren C						Patent

Anhand der Tab. 9.1 kann die Ausrichtung und Wertigkeit eines Patentportfolios bezüglich eines technischen Gebiets analysiert werden. Aus einer derartigen Tabelle kann erkannt werden, welche Patente eventuell zu lizenzieren bzw. welche Patente ein Konkurrenzunternehmen hat.

9.5 Ändern der Taktik

Der Patentsachbearbeiter sollte sich auch als Ideengeber verstehen. Er sollte aktiv nach gemeinfreien Lücken suchen, die durch eigene Schutzrechte besetzt werden können. Hierdurch kann er der Geschäftsleitung seines Unternehmens Hinweise geben, in welcher Richtung die Forschung und Entwicklung betrieben werden kann, um schutzfähige Technologien zu entwickeln. Der Patentsachbearbeiter kann damit Einfluss auf die Unternehmensstrategie nehmen und ein Besetzen von lukrativen Nischenmärkten erreichen.

Eine Suche nach gemeinfreien Nischen kann zumindest dazu genutzt werden, durch eigene Patente Lizenzgebühren von Unternehmen zu erwirtschaften, die tatsächlich in diese Nischen vordringen.

9.6 List

Sun Tzu betont, dass List und Täuschung entscheidend sind, wenn man einen Krieg gewinnen möchte. Insbesondere kann mit List und Täuschung mit einem geringen Einsatz an Ressourcen ein Sieg errungen werden. Für Sun Tzu sind List und Täuschung untrennbar mit einer klugen Kriegsführung verbunden. Abb. 9.3 zeigt Handlungsvarianten, bei denen mit List und Täuschung gewerbliche Schutzrechte angewandt werden.

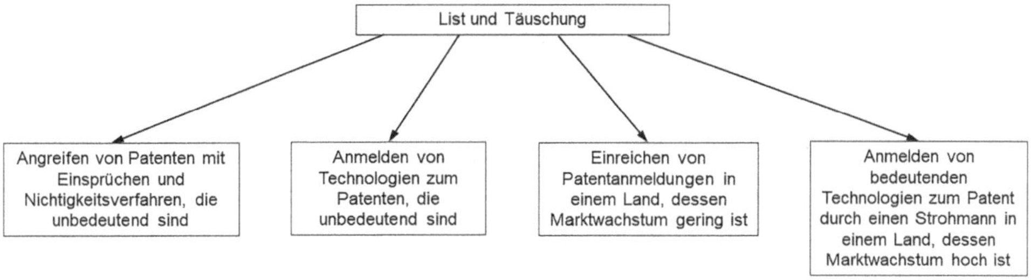

Abb. 9.3 Beispiele für List und Tücke

9.7 Rücksichtslosigkeit

Sun Tzu verteidigt ein rücksichtslosen Verhalten im Krieg. Um einen Krieg schnell und erfolgreich zu beenden, ist jedes Mittel recht.[5]

Ist ein Patent eines Dritten für ein Unternehmen sehr wichtig ist und ist diesem Dritten, beispielsweise ein Einzelerfinder, die Bedeutung des Patents bewusst, und hat der Dritte außerdem bereits angedeutet, dass er sich auch Konkurrenzunternehmen als Lizenznehmer vorstellen kann, besteht Handlungsbedarf. Der Einzelerfinder ist in diesem Fall ein Unsicherheitsfaktor und sollte ausgeschaltet werden. Zu diesem Zweck sollte mit dem Einzelerfinder ein Lizenzvertrag geschlossen werden, vorzugsweise wird eine umsatzabhängige Lizenzgebühr vereinbart. Außerdem sollte es sich um einen exklusiven Lizenzvertrag handeln. Üblicherweise wird jedoch auch ein jährlicher, fester Betrag als Lizenzgebühr vereinbart. Der Lizenznehmer sollte dann auf einen Umsatz mit der lizenzierten Erfindung vollständig verzichten. Der Lizenzgeber wird daher nur den jährlichen Fixbetrag erhalten. Außerdem sollte der Lizenznehmer einen Strohmann beauftragen, dem Lizenzgeber ein Kaufangebot für sein Patent zu unterbreiten. Der Lizenzgeber wird in diesem Fall zwischen der Situation der jährlichen fixen Lizenzgebühr ohne umsatzabhängigen Zuschlag und dem Kaufpreis entscheiden müssen. Sind die Preise entsprechend gewählt, wird der Lizenzgeber sein Patent dem Strohmann verkaufen, wodurch der Lizenznehmer in den Besitz des Patents gelangt und die wirkliche Benutzung des Patents beginnen kann. Abb. 9.4 zeigt diese Vorgehensweise, bei der ein Erfinder der Lizenzgeber ist und das Unternehmen A der Lizenznehmer, der das lizenzierte Patent unbenutzt lässt und stattdessen über einen Strohmann das Patent erwirbt.

Die Veranlassung zum Verkauf des Patents kann beim Lizenzgeber durch ein abgesprochenes, inszeniertes Verletzungsverfahren gesteigert werden. Abb. 9.5 zeigt diese Situation. Es kann sich der Fall ergeben, dass man die patentierte Erfindung dem Markt anbieten muss, um keine wirtschaftlichen Nachteile hinnehmen zu müssen. In diesem Fall kann ein Unternehmen B beauftragt werden, das Produkt herzustellen. Natürlich wird der Erfinder anstreben, die Patentverletzung zu unterbinden. Das Unternehmen A kann als exklusiver Lizenznehmer gegen einen Verletzer wegen einer Patentverletzung klagen. Der Erfinder wird froh sein, dass das Unternehmen A gegen das Unternehmen B klagt, ohne zu

[5] Cole, Meier, Amiot, Die Kunst des Krieges von Sun Tzu, vollständige Ausgabe, S. 20.

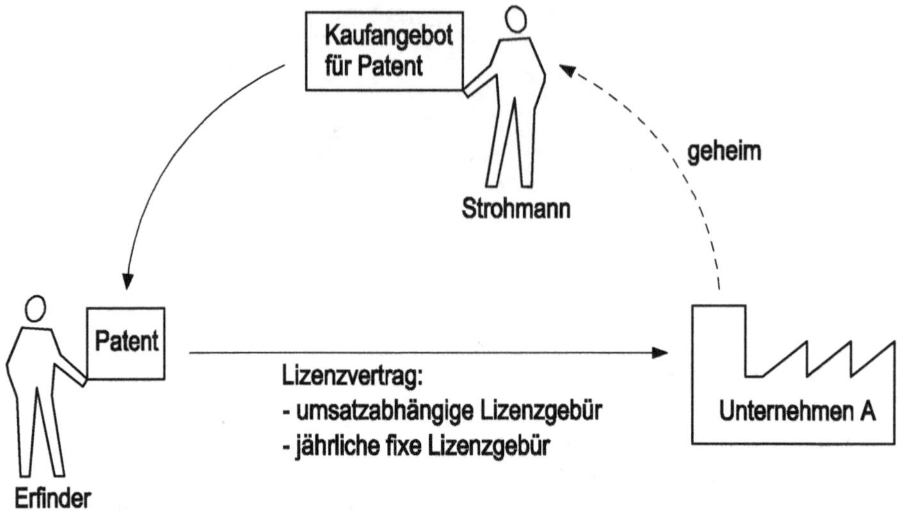

Abb. 9.4 Strohmann erwirbt Patent des Lizenzgebers

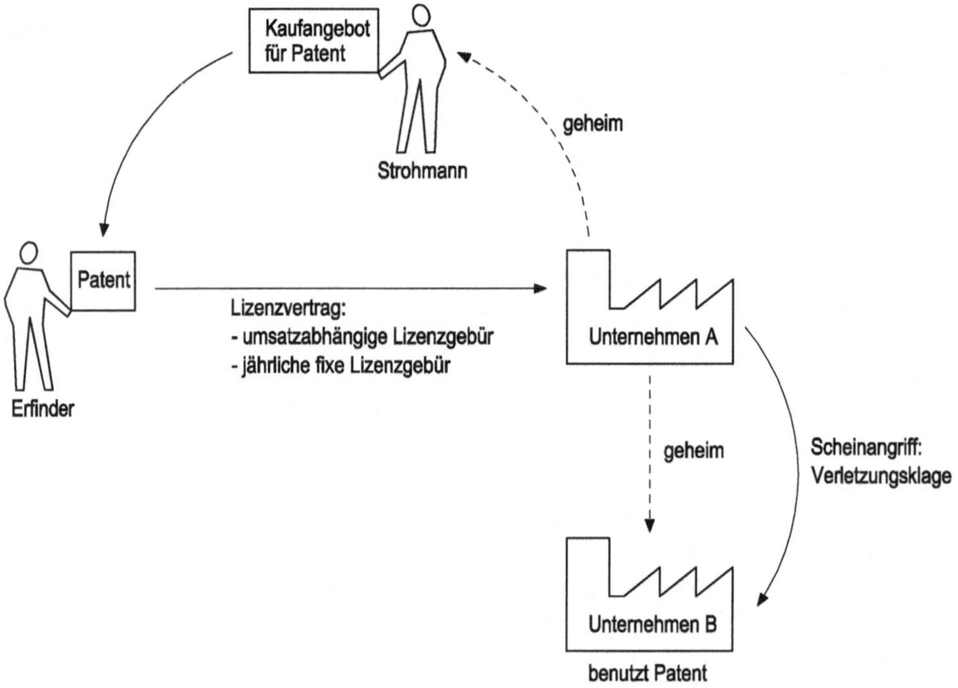

Abb. 9.5 Inszeniertes Verletzungsverfahren

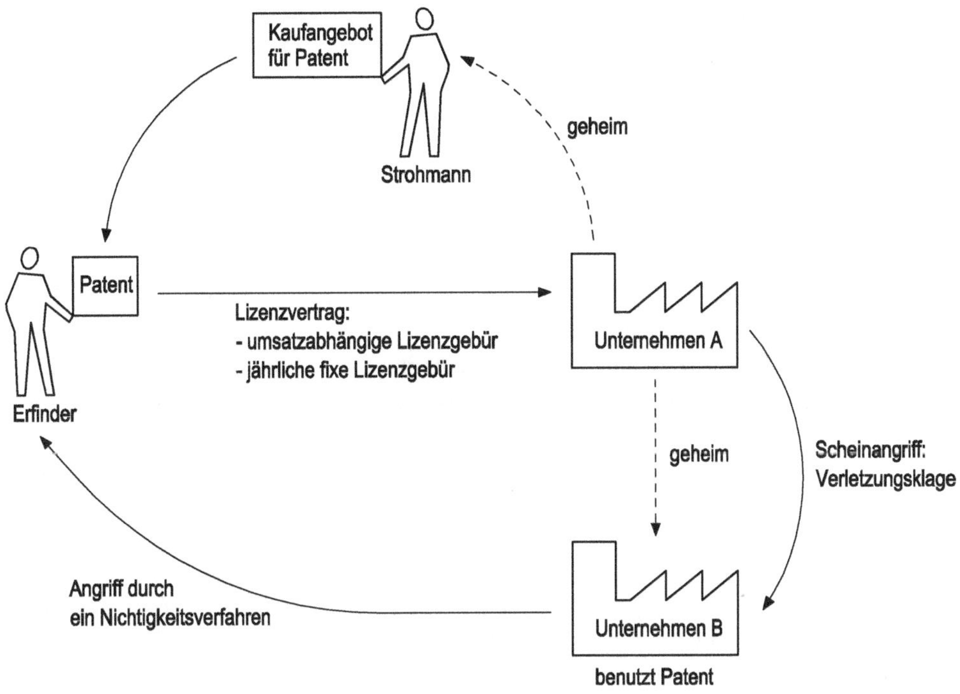

Abb. 9.6 Inszeniertes Nichtigkeitsverfahren

wissen, dass beide zusammenarbeiten. Ein Prozessrisiko besteht nicht, da es gleichgültig ist, welches Unternehmen den Prozess verliert. Es sind nur die Kosten des Gerichts und die Vertreter zu bezahlen. Sind die Vertreter keine externen Patentanwälte, sondern Angestellte der Unternehmen entfallen auch die Anwaltskosten. In dieser Situation ist es naheliegend, dass das Unternehmen B ein Nichtigkeitsverfahren gegen das Patent des Erfinders anstrengt. Abb. 9.6 zeigt diese Situation.

Abb. 9.6 zeigt die Situation, in die der Erfinder gebracht wird, um einen Verkauf seines Patents zu forcieren. Durch das Nichtigkeitsverfahren wird das Patent des Erfinders in seinem Bestand angegriffen. Es besteht Rechtsunsicherheit, ob das Unternehmen A noch zukünftig Lizenzgebühren entrichten muss, da beim Wegfall des Patents keine Lizenzgebühren mehr zu bezahlen sind. Außerdem besteht ein hohes Prozessrisiko, denn bei einem Unterliegen vor dem Bundespatentgericht wird der Erfinder nicht nur sein Patent verlieren, sondern ihm werden zusätzlich die Gerichtskosten und die Kosten des Unternehmens B aufgebürdet. In dieser Situation könnte der Erfinder sehr wohl bereit sein, sein Patent an den Strohmann zu verkaufen. Nach dem Verkauf kann das Unternehmen A die Verletzungsklage und das Unternehmen B die Nichtigkeitsklage zurückziehen, wodurch die Verfahren beendet werden.

Durch die inszenierte und zwischen den Unternehmen A, B und dem Strohmann abgesprochene Vorgehensweise entsprechend der Abb. 9.6 ergeben sich daher folgende Risiken für den Einzelerfinder:

- Risiko des Verlusts des Patents
- Bei Verlust des Patents: Lizenzgebühren fallen weg
- Prozesskostenrisiko im Nichtigkeitsverfahren bei Unterliegen

Durch die Situation in Abb. 9.6 wird daher für den Erfinder die Drohkulisse des Totalverlustes aufgebaut, sodass auch der Kaufpreis für das Patent niedrig bemessen werden kann. Zudem wird die Streitbefangenheit des Patents andere potenzielle Käufer abschrecken. Zusätzlich nachteilig für einen Käufer ist der exklusive Lizenzvertrag, der eine eigene Benutzung während der Vertragslaufzeit der Lizenzvereinbarung ausschließt.

9.8 Flexibilität als Maxime

Ein guter Feldherr ist nicht stur. Er setzt nicht einfach einen anfänglich entwickelten Plan um, auch wenn sich die Umstände ändern. Stattdessen nutzt er sich ändernde Umstände. Ein kluger Feldherr ist ein Meister der Anpassung. Chancen werden genutzt und nicht ignoriert.[6]

9.9 List und Wachsamkeit

List und Wachsamkeit sind zwei Seiten derselben Medaille und diese Medaille heißt Täuschung. Ein kluger Feldherr muss in der Lage sein, List anzuwenden, um den Sieg zu erringen. Der Feldherr muss einsichtig genug sein zu verstehen, dass der Feind ebenfalls versuchen wird, mit List einen Vorteil zu erringen. Er muss daher wachsam sein.[7]

Abb. 9.7 zeigt die zwei Seiten der Täuschung. Zum einen kann List angewandt werden, indem ein Strohmann-Einspruch genutzt wird, um Patente der Wettbewerber anzugreifen und dadurch die Konkurrenz zu beschäftigen bzw. abzulenken. Außerdem können Erfindungen zum Patent angemeldet werden, die für das eigene Unternehmen bedeutungslos sind, um dem Konkurrenzunternehmen vorzugaukeln, dass das entsprechende technische Gebiet von Interesse sei oder das betreffende Land einen bedeutsamen Markt verspricht. Vorzugsweise wird die Patentanmeldung derart formuliert, dass eine zügige Erteilung erfolgt. Die Patentansprüche sollten daher möglichst eng formuliert werden, damit eine Patenterteilung am besten innerhalb eines Jahres ermöglicht wird. Der Patentfachmann kann natürlich auch die 18-monatige Geheimhaltungsfrist des Patentamts nutzen und

[6] Cole, Meier, Amiot, Die Kunst des Krieges von Sun Tzu, vollständige Ausgabe, S. 69.
[7] Cole, Meier, Amiot, Die Kunst des Krieges von Sun Tzu, vollständige Ausgabe, S. 69.

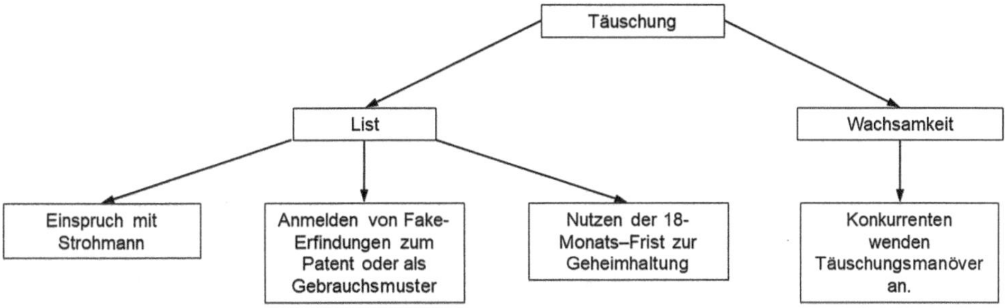

Abb. 9.7 Die zwei Seiten der Täuschung

innerhalb dieser Frist eine hohe Anzahl an wertvollen Patentanmeldungen tätigen, die die Wettbewerber nicht recherchieren können. Der Patentsachbearbeiter sollte sich klar machen, dass die Konkurrenz ebenfalls mit Mitteln der Täuschung arbeitet und daher nicht nachlassende Wachsamkeit geboten ist.

9.10 Demoralisieren des Feindes

Schneide den Feind von der Versorgung ab. Störe seine Disziplin. Provoziere Streitigkeiten unter der Truppe des Feindes und säe Unfrieden und Neid.[8] Im Krieg sind alle Mittel erlaubt. In einem Patentkrieg sind alle legalen Mittel erlaubt. Ist es bekannt, dass einzelne Personen in der Patentabteilung des Konkurrenzunternehmens eine tragende Rolle einnehmen, kann versucht werden, diese abzuwerben. Hiermit kann das Konkurrenzunternehmen geschwächt und das eigene Unternehmen gestärkt werden. Es ist allerdings Vorsicht geboten. Oft entspricht ein guter Ruf und hohes Ansehen eines Mitarbeiters der guten Arbeit in der Vergangenheit und spiegelt nicht die aktuelle Leistung wider. Der Mitarbeiter denkt sich, dass er durch die gute Leistung der Vergangenheit jetzt den Lohn einfahren kann, wobei ein besser dotierter Job ebenfalls als ein Teil davon aufgefasst werden kann. Dennoch kann der Mitarbeiter nicht vorhaben, die harte Arbeit der Vergangenheit im neuen Unternehmen wieder zu erbringen. Hat man einen derartigen Mitarbeiter mit einem hohen Geldbetrag abgeworben, hat man dem Konkurrenzunternehmen sogar einen Gefallen getan, da der Mitarbeiter nicht mehr zu großer Anstrengung bereit war, sondern im Gegenteil jetzt eher große Mühen scheut.

[8] Cole, Meier, Amiot, Die Kunst des Krieges von Sun Tzu, vollständige Ausgabe, S. 70.

9.11 Schädliche Tapferkeit

Die Truppe sollte sich nicht durch eine übermäßige Todesbereitschaft auszeichnen. Ein lebender Soldat ist wertvoll, ein toter ist ohne Wert. Der Feldherr sollte daher möglichst klug und umsichtig handeln. Sun Tzu gibt sehr viele Handlungsempfehlungen, um zu siegen, ohne eine einzige Schlacht zu schlagen. Zumindest sollte ein Krieg derart geführt werden, dass die Schlachten jeweils mit großen eigenen Vorteilen geschlagen werden, sodass sie schnell und mit wenig Verlusten erfolgreich beendet werden. Ein Krieg mit hohen Verlusten ist ein Beweis für die Dummheit des Feldherrn. Der Herrscher, der einen Feldherrn hat, der mit hohen Verlusten einen Krieg führt, sollte sich überlegen, ob sein Feldherr dumm und ungeschickt oder von dem Feind bestochen wurde.[9] Ein Unternehmer, dessen Patentsachbearbeiter ungeschickte Verfahren beginnt, sollte seinem Mitarbeiter eine fundierte Weiterbildung angedeihen lassen und die Patentabteilung durch Fachkräfte verstärken. Diese Maßnahmen werden sich rechnen, da hierdurch Prozesskosten durch verlorene Gerichtsverfahren reduziert werden.

9.12 Jähzorn und verletztes Ehrgefühl

Das Führen eines Krieges stellt aus der Sicht von Sun Tzu eine mathematische Aufgabe dar, deren Lösung der Sieg über das feindliche Heer ist. Emotionen und Eitelkeiten haben im Kriegsgeschäft nichts zu suchen, außer sie können zur Verwirrung des Feindes genutzt werden.[10] Ein Patentsachbearbeiter und ein Patentanwalt müssen kühl und akribisch arbeiten. Entscheidungen dürfen nicht auf Impulsivität, sondern müssen auf Argumenten gründen. Das bedeutet nicht, dass diese Personengruppen ohne Phantasie sein sollen. Im Gegenteil erfordert das Themengebiet des gewerblichen Rechtsschutzes zur erfolgreichen Bearbeitung eine gut entwickelte Vorstellungskraft, um sich der „Patentkrieger" der Konkurrenz zu erwehren.

9.13 Keine sinnlosen Kämpfe

Eine Stadt, die nach ihrer Eroberung nicht gehalten werden kann, sollte nicht angegriffen werden. Eine Stadt, die den Vormarsch nicht gefährdet, muss nicht eingenommen werden.[11] Einen Krieg kann man nur gewinnen, wenn man rational handelt. Der Verstand des Feldherrn ist seine gefährlichste Waffe. Der Patentfachmann muss ebenfalls rational vorgehen und wichtige von unwichtigen Schutzrechten trennen. Die wirklich störenden Pa-

[9] Cole, Meier, Amiot, Die Kunst des Krieges von Sun Tzu, vollständige Ausgabe, S. 71.
[10] Cole, Meier, Amiot, Die Kunst des Krieges von Sun Tzu, vollständige Ausgabe, S. 72.
[11] Chan, Die Kunst des Krieges, S. 33.

tente der Gegenseite sind mit einem Einspruchs- oder einer Nichtigkeitsklage zu bekämpfen.

9.14 Moral und Disziplin

Sun Tzu erzählt die Geschichte einer Seeschlacht bei der der Feldherr neben seinem Schiff ein kleines Boot festmachen ließ, damit er nötigenfalls darin fliehen könnte. Diese kleine „Vorsichtsmaßnahme" hatte eine demoralisierende Wirkung auf seine Streitmacht, da die Soldaten glaubten, ihr Feldherr werde sie bei der ersten Gelegenheit im Stich lassen. Die Kampfmoral der Armada war am Boden und trotz Übermacht ging die Seeschlacht verloren.[12] Der Patentabteilungsleiter sollte darauf achten, dass die Arbeitsmoral seiner Abteilung hoch ist. Der Patentabteilungsleiter hat hierbei eine Vorbildfunktion. Nur dasjenige, was er bereit ist an Leistung und Einsatz selbst zu erbringen, kann er maximal seinen Mitarbeitern abverlangen.

9.15 Subversion

Sun Tzu rät dazu, die klügsten Ratgeber eines Herrschers zu eliminieren oder zu diskreditieren, Verräter und Spione in den Staatsapparat einzuschleusen, Intrigen über den feindlichen Herrscher unter seinem Volk zu verbreiten und die Staatsbürokratie zu veranlassen, den Staatsschatz zu verschwenden. Ein geschwächter Staat wird keine schlagkräftige Armee aufstellen können und damit zur leichten Beute.[13]

9.16 Die 5 Risiken eines Feldherrn

Ist ein Feldherr todesmutig, geht er zu hohe Risiken ein. Ist der Feldherr furchtsam, neigt er zur Flucht und verliert zu leicht eine Schlacht, die auf der Kippe steht. Ist ein General jähzornig, macht er unbedachte Schritte. Ist ein Feldherr zu ethisch, nutzt er nicht List, Hinterhalt, Spione und Täuschung zur Kriegsführung. Ist ein General zu besorgt um seine Männer, gerät er leicht in Probleme.[14] Der Patentfachmann sollte versuchen, seine Gefühlswelt aus der beruflichen Tätigkeit auszuschließen bzw. sie zu kennen und nötigenfalls gegenzusteuern.

[12] Chan, Die Kunst des Krieges, S. 34.

[13] Chan, Die Kunst des Krieges, S. 34.

[14] Eisenhofer, Sunzi. Die Kunst des Krieges, S. 68–69.

9.17 Den Feind verstehen

Ist die eigene Armee nahe am Feind und ist dieser ruhig, hat er eine vorteilhafte Position inne. Ist der Feind weit entfernt und versucht er eine Schlacht zu provozieren, hat er eine strategisch aussichtsreiche Stellung eingenommen. Verhalten sich Tiere in der Nähe nervös, liegt der Feind auf der Lauer und bereitet sich auf einen Angriff vor. Sieht man hohe Staubwolken, verlegt er seine Wagen. Sind die Staubwolken niedrig, marschieren nur Soldaten.[15] Es ist auch für den Patentfachmann wichtig, die Handlungen der Konkurrenz zu verfolgen und daraus abzuleiten, welche nächsten geschäftlichen Schritte zu erwarten sind. Der Patentfachmann sollte dabei sein eigenes branchenspezifisches Vorwarnsystem entwickeln.

9.18 Zusammenfassung

Sun Tzu lehrt, dass bei der Kriegsführung Emotionen nichts zu suchen haben. Impulsives Verhalten ist zu vermeiden und stattdessen strategisches Vorgehen anzuwenden.[16] Spiegelbildlich sollte versucht werden, ein gefühlsgetriebenes Verhalten bei der Gegenseite zu erzeugen. Das kann insbesondere deswegen erfolgreich sein, da Verbalattacken bislang bei Auseinandersetzungen um gewerbliche Schutzrechte unüblich sind. Ein derartiges Vorgehen hat daher einen Neuheits- und Überraschungscharakter.

Ein sehr erfolgreicher Münchner Patentanwalt hatte beispielsweise die Angewohnheit, bei Gerichtsverfahren beim Einlass in den Gerichtssaal der gegnerischen Partei den Vortritt mit der Bemerkung „Loosers first" zu geben. Die gegnerischen Patentanwälte wurden hierdurch regelmäßig derartig aus dem Konzept gebracht, dass ihre Chance auf einen erfolgreichen Ausgang der Verhandlung bereits vor Beginn der mündlichen Verhandlung niedrig war.

Bitte nicht:

- Unüberlegte Handlungen: Fehler sind eventuell nicht mehr korrigierbar bzw. erfordern zusätzliche Ressourcen zur Korrektur, die woanders fehlen. Lieber sich ein oder zwei Tage Zeit zum Nachdenken nehmen, bevor überhastete Aktionen gestartet werden.
- Übertriebene Vorsicht: Erkennt man Chancen, sollten diese auch genutzt werden.
- Wut, Rachegefühle und Hass: Emotionen haben in einem Patentkrieg nichts zu suchen. Ist man durch Emotionen leicht beeinflussbar, besteht die Gefahr, dass dies durch die Gegenseite ausgenutzt wird. Man sollte bedenken, dass die Gegenseite versuchen wird, Emotionen zu erzeugen, die unüberlegtes Handeln zur Folge haben.
- Überheblichkeit: macht blind und führt zu Fehlern.

---

[15] Eisenhofer, Sunzi. Die Kunst des Krieges, S. 75.

[16] Cole, Meier, Amiot, Die Kunst des Krieges von Sun Tzu, vollständige Ausgabe, S. 75.

10 Führen der Truppe

Sun Tzu rät dazu, die Position des Feindes zu ermitteln, um seine Strategie und Handlungsoptionen zu antizipieren.[1] Eine Wettbewerberanalyse ist natürlich auch beim gewerblichen Rechtsschutz sinnvoll. Oft werden Schutzrechte parallel zu laufenden Entwicklungen neuer Produkte registriert, um die neuen Produkte rechtlich abzusichern. Anhand der Anmeldetätigkeit des Wettbewerbs kann daher erahnt werden, welche neuen Produkte von der Konkurrenz zu erwarten sind.

Abb. 10.1 zeigt die Analyse einer Wettbewerberüberwachung, wobei Patente, Nachanmeldungen von frühen Patentanmeldungen in anderen Ländern und Marken ermittelt werden. Werden Patentanmeldungen recherchiert und sind diese professionell und detailliert ausgearbeitet, kann davon ausgegangen werden, dass die beschriebenen Erfindungen von großem Wert für das Konkurrenzunternehmen sind. Handelt es sich jedoch um nur knapp und nachlässig formulierte Anmeldungen bzw. Patente, die noch dazu sehr schnell erteilt wurden, da sie einen nur kleinen Schutzumfang beanspruchen, werden durch die Anmeldungen eventuell falsche Fährten gelegt. Derartige Patentanmeldungen und Patente dienen sehr wahrscheinlich nur der Ablenkung und Verschleierung anderer geschäftlicher Aktivitäten. Wurden Gebrauchsmuster registriert, kann die Motivation darin liegen, dass die betreffenden Erfindungen schnell durchsetzbar sein sollen. Werden parallel zu den Gebrauchsmustern keine Patentanmeldungen zu denselben Erfindungen verfolgt, hält das Konkurrenzunternehmen die betreffende Erfindung nur für eine kurze Zeit für relevant, da die maximale Laufzeit von Gebrauchsmustern 10 Jahre ist.

Werden Nachanmeldungen getätigt, handelt es sich wahrscheinlich um wichtige Erfindungen für bedeutsame Märkte. Wird eine internationale Anmeldung eingereicht, kann davon mit hoher Sicherheit ausgegangen werden, da internationale Anmeldungen bereits

[1] Cole, Meier, Amiot, Die Kunst des Krieges von Sun Tzu, vollständige Ausgabe, S. 77.

T. H. Meitinger, *Die Kunst des Krieges im gewerblichen Rechtsschutz*,
https://doi.org/10.1007/978-3-662-73952-5_10

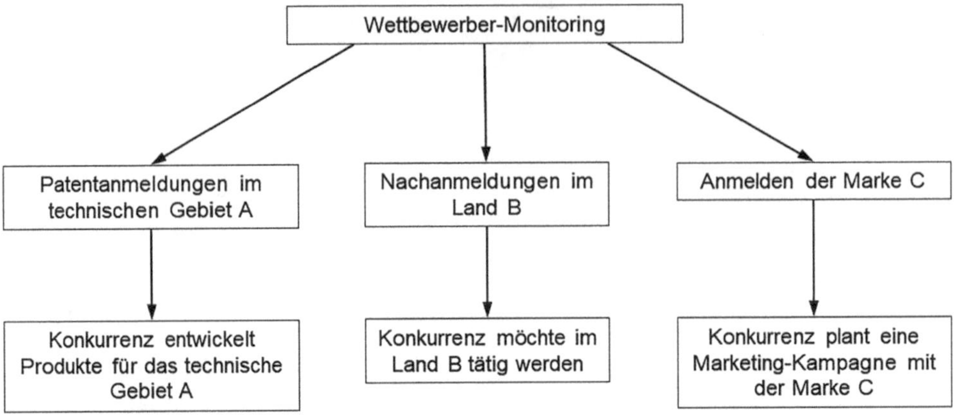

Abb. 10.1 Wettbewerber-Monitoring

bei der Einreichung sehr teuer sind. Das Anmelden von Marken deutet auf bevorstehende Marketing-Aktionen in den betreffenden Ländern hin.

10.1 Warnsignale erkennen

Steigen Vögel in Scharen auf, ohne in der Nähe zu landen, deutet das daraufhin, dass sie nicht landen können. Der Grund könnte in massiven Truppenbewegungen an diesem Ort liegen.[2] Warnsignale sollten registriert und ausgewertet werden. Können diese bestätigt werden, sind Rückschlüsse auf aktuelle Maßnahmen des Feindes möglich. Es ist deswegen ratsam, dass der Patentsachbearbeiter eines Unternehmens nicht nur einzelne Fachvorträge besucht, sondern auch Fachmessen, auf denen das eigene und die Unternehmen des Wettbewerbs ausstellen. In diesem Rahmen können auch Vermutungen beispielsweise des Vertriebs entgegen genommen werden, die nicht in offiziellen Emails des Unternehmens kommuniziert werden, da sie sehr spekulativer Natur sind. Dennoch können sie dem Patentsachbearbeiter wichtige Indizien geben, in welche Richtung ein Konkurrenzunternehmen oder der gesamte Markt sich wahrscheinlich entwickeln wird. Es ist für den Patentsachbearbeiter sehr wichtig, früh neue Entwicklungen der Konkurrenzunternehmen zu erfahren, da es im gewerblichen Rechtsschutz keinen zweiten Sieger gibt. Nur diejenige Anmeldung mit dem frühesten Anmeldetag ist wertvoll. Alle nachfolgenden Anmeldungen sind wertlos.

[2] Cole, Meier, Amiot, Die Kunst des Krieges von Sun Tzu, vollständige Ausgabe, S. 80.

10.2 Gewaltmarsch

Unternimmt der Feind einen Gewaltmarsch kann das bedeuten, dass er überraschen möchte und die Entscheidung in der Schlacht sucht. Es steht daher eine Schlacht unmittelbar bevor.[3]

Abb. 10.2 zeigt die Anzeichen eines „Gewaltmarsches“ eines Wettbewerbers. Wird eine Vielzahl an Patentanmeldungen getätigt und sind diese durch parallele Gebrauchsmuster begleitet, kann von einem massiven Besetzen des betreffenden technischen Gebiets ausgegangen werden. Es ist dann klar, dass die Unternehmensstrategie dieses technische Gebiet als zukünftig bedeutsam bestimmt hat. Werden parallel oder nachfolgend entsprechende Stellenanzeigen für Ingenieure, Vertriebsmitarbeiter und Patentsachbearbeiter von dem Konkurrenzunternehmen geschaltet, ist von einer geschäftlichen Offensive sicher auszugehen. Sind verstärkt Messetätigkeiten festzustellen, erhärtet sich der Verdacht weiter. Insbesondere der Patentsachbearbeiter eines Unternehmens muss auf Frühindikatoren besonders achten, da es im gewerblichen Rechtsschutz keinen zweiten Sieger gibt. Nur der erste Anmelder erhält ein Patent, ein Gebrauchsmuster, ein Designrecht oder eine Marke. Alle nachfolgenden Anmelder gehen leer aus.

Es macht durchaus Sinn, bereits zu einem Zeitpunkt Patentanmeldungen zu tätigen, zu dem man noch nicht weiß, aber bereits ahnt, dass das Konkurrenzunternehmen seine Patentanmeldungen beim Patentamt eingereicht hat, diese aber wegen der 18-monatigen Geheimhaltungsfrist noch nicht veröffentlicht wurden. In diesem Fall sind die Patentanmeldungen der Konkurrenz nur bezüglich dem Patentierungskriterium Neuheit und nicht bezüglich der Prüfung auf erfinderische Tätigkeit bei der Bewertung der eigenen Anmeldungen vom Patentamt zu berücksichtigen.

Nachveröffentlichter Stand der Technik *Grundsätzlich ist ein Dokument bei der Bewertung der Rechtsbeständigkeit eines Patents nur zu berücksichtigen, wenn es vor dem Anmeldetag des Patents der Öffentlichkeit zugänglich war. Eine Ausnahme stellen Patentan-*

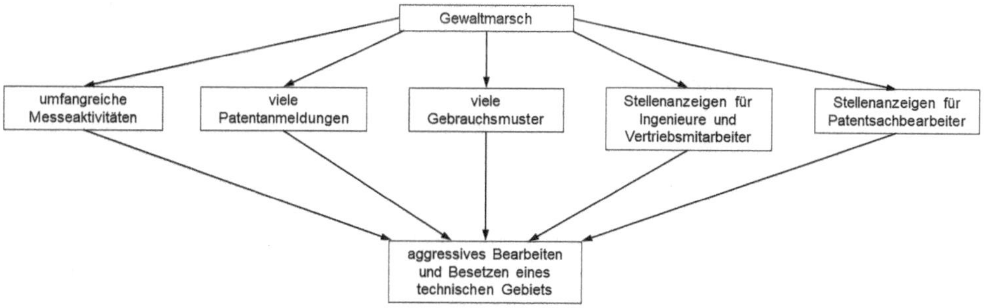

Abb. 10.2 Warnsignale eines „Gewaltmarsches“ des Konkurrenten

[3] Cole, Meier, Amiot, Die Kunst des Krieges von Sun Tzu, vollständige Ausgabe, S. 81.

meldungen dar, die bereits vor dem Anmeldetag beim Patentamt eingereicht und erst am oder nach dem Anmeldetag veröffentlicht wurden. Derartige Patentanmeldungen gelten als „nachveröffentlichter Stand der Technik" und sind bezüglich der Prüfung auf Neuheit zu berücksichtigen.[4] *Hierdurch sollen identische Schutzrechte verhindert werden. Die nachveröffentlichten Patentanmeldungen sind aber nicht bei der Prüfung des Kriteriums der erfinderischen Tätigkeit heranzuziehen.*[5]

10.3 Täuschung durch Bündnis

Gibt es Anzeichen bzw. Warnsignale für einen bevorstehenden Krieg, sind Friedensangebote und Bündnisvorschläge sehr vorsichtig zu werten. Eventuell kann es sich um ein Täuschungsmanöver handeln, um einen Überraschungsangriff nicht zu gefährden.[6]

Abb. 10.3 zeigt, dass das Zusammentreffen von besonderen Ereignissen eine Warnung darstellt. Baut ein Wettbewerber massiv ein Patentportfolio auf und tritt er gleichzeitig in Verhandlungen insbesondere zu einem Cross-Licensing ein, ohne dass es hierbei zu tatsächlichen Verhandlungsfortschritten kommt, kann es sein, dass die Verhandlungen nur zum Schein geführt wurden. In diesem Fall kann eher davon ausgegangen werden, dass das eigene Unternehmen in Sicherheit gewogen werden soll und letzten Endes ausgebootet wird.

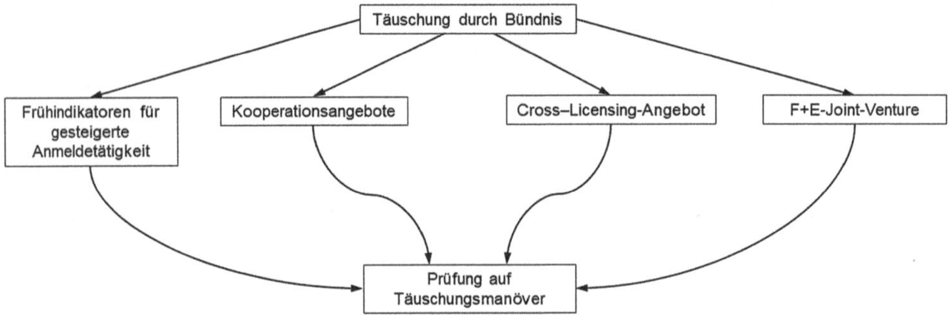

Abb. 10.3 Kooperationsangebot zur Täuschung

[4] § 3 Absatz 2 Satz 1 Patentgesetz bzw. Artikel 54 Absatz 3 Europäisches Patentübereinkommen EPÜ.

[5] § 4 Satz 2 Patentgesetz bzw. Artikel 56 Satz 2 Europäisches Patentübereinkommen EPÜ.

[6] Cole, Meier, Amiot, Die Kunst des Krieges von Sun Tzu, vollständige Ausgabe, S. 81.

10.4 Auflösungserscheinungen

Sun Tzu rät, auf die Verfassung des feindlichen Heeres zu achten. Gibt es Anzeichen, dass die Disziplin nachlässt? Sun Tzu ermahnt, sämtliche Informationen über die feindliche Armee zu analysieren, auch wenn sie noch so unbedeutend erscheinen. Dasselbe gilt für das eigene Heer. An kleinen Dingen kann der Verfall der Disziplin festgestellt werden. Werden Gegenstände liegen gelassen oder nicht ordnungsgemäß behandelt, kann das ein Alarmzeichen bedeuten. Soldaten, die nicht sofort antworten, wenn sie gerufen werden, oder Soldaten, die eher schweigen als offen zu reden und ihre Sätze nicht beenden, stellen ein weiteres Alarmzeichen des Verfalls der Einheit der Armee dar. In diesen Fällen sollte man wachsam sein und nach Intrigen und Verschwörungen Ausschau halten.[7]

Abb. 10.4 zeigt typische Signale, die auf eine zunehmende Zerrüttung und Abnahme der Disziplin einer Armee hinweisen. Ein Nachlassen der Disziplin kann bereits an kleinen und zunächst unbedeutend erscheinenden Signalen erkannt werden. Eine Armee ohne Disziplin besitzt keine Schlagkraft.

Für den Patentfachmann ist es eine wichtige Information, wenn ein Konkurrenzunternehmen offensichtlich in Probleme gerät. In diesem Fall können eventuell interessante Schutzrechte des Konkurrenten günstig erworben werden. Eine Kooperation sollte jedoch nicht angestrebt werden.

10.5 Schwäche des Feindes zum Angriff nutzen

Ist die feindliche Armee schwach und weicht sie zurück, ist der richtige Augenblick zum Angriff gekommen. Sun Tzu rät dazu, günstige Gelegenheiten zu nutzen und durch eine entscheidende Schlacht den Krieg zu beenden, bevor der Feind Verstärkung erhält.[8]

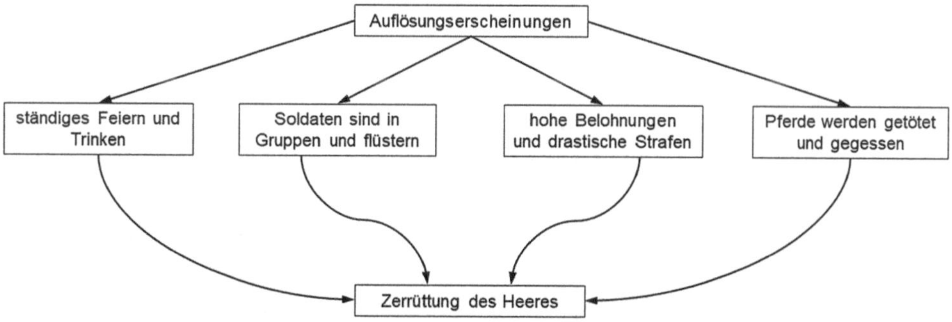

Abb. 10.4 Auflösungserscheinungen

[7] Cole, Meier, Amiot, Die Kunst des Krieges von Sun Tzu, vollständige Ausgabe, S. 82–83.

[8] Cole, Meier, Amiot, Die Kunst des Krieges von Sun Tzu, vollständige Ausgabe, S. 84.

Erkennt der Patentfachmann, dass das Patentportfolio eines potenziellen Kooperationspartners ungefähr ebenbürtig zum eigenen Patentportfolio ist, sollten Vereinbarungen über ein Cross-Licensing getroffen werden, bevor der mögliche Kooperationspartner sein Patentportfolio durch weitere Schutzrechte aufstockt.

10.6 Überqueren eines Flusses

Das Überqueren eines Flusses stellt für eine Armee eine kritische Phase dar. Eine feindliche Armee sollte man angreifen, wenn gerade die eine Hälfte der Armee den Fluss bereits überquert hat und die andere Hälfte noch am anderen Ufer ist. In dieser Situation ist die feindliche Armee faktisch in zwei Teile geteilt, die sich nicht gegenseitig unterstützen können, und daher ist sie in dieser Situation besonders verwundbar.[9] Ist die Patentabteilung des Konkurrenzunternehmens geschwächt, können besondere Verfahren eingeleitet werden. Beispielsweise kann kurz vor Weihnachten oder Ostern einstweilige Verfügungen angestrengt werden, die eventuell nur von der „zweiten Garde" bearbeitet werden, da sich die besten Mitarbeiter bereits im Urlaub befinden.

10.7 Schwache Signale deuten

Sun Tzu rät, schwache Signale deuten zu lernen. Stützen sich die Soldaten des Feindes auf ihren Waffen ab, sind sie erschöpft. Trinken Soldaten, die zum Wasserholen geschickt wurden, zunächst selber, leidet die feindliche Armee an Durst. Kann das feindliche Heer keine kleinen Vorteile nutzen, ist es erschöpft.[10] Es macht auch für den Patentfachmann Sinn festzustellen, wie es aktuell um den „fighting spirit" der Patentabteilung des Konkurrenzunternehmens bestellt ist.

10.8 Die Kunst zu führen

Sun Tzu gibt Ratschläge, wie gute Personalführung aussieht. Grundsätzlich ist während der Ausbildung der Soldaten jeder Verstoß zu bestrafen. Nur so kann eine disziplinierte Armee geformt werden. Die besondere Kunst zu führen sieht Sun Tzu darin, kleine Verstöße nicht zu hart zu bestrafen. Außerdem darf der Feldherr bei kleinen Zweifeln nicht schwanken. Wirkt der Feldherr unsicher und wird eine überzogene Strenge gegenüber den einfachen Soldaten an den Tag gelegt, leidet die Moral der Armee und sie wird schwach.[11]

[9] Chan, Die Kunst des Krieges, S. 36.

[10] Chan, Die Kunst des Krieges, S. 41.

[11] Chan, Die Kunst des Krieges, S. 43.

10.9 Klugheit und Motivation wiegt Zahlen auf

Ist eine Armee zahlenmäßig stark bedeutet das nicht, dass sie schlagkräftig ist. Der Feldherr sollte sich nicht allein auf Zahlen verlassen. Eine dumme Kriegsführung kann eine Armee schwach machen und eine kluge Kriegsführung macht dieselbe Armee unbesiegbar.[12]

Ein Patentfachmann sollte nicht nur die Größe des Patentportfolios eines Konkurrenzunternehmens in sein Kalkül einbeziehen, sondern auch die Fähigkeit der Gegenseite zur Argumentation. Ist man in einem streitigen Verfahren einer Gegenseite gegenüber gestellt, die sehr geschickt argumentiert, ist diese Partei in der Lage, auch mit weniger wertvollen Schutzrechten streitige Verfahren für sich zu entscheiden.

10.10 Zusammenfassung

Sun Tzu betont, dass in einem Feldzug der Blick auf das Ganze nicht verloren gehen darf, dass aber auch jedes Detail aufmerksam betrachtet werden muss.[13] Der externe Patentanwalt weiß genau, dass es auf jeden Satz und jedes Wort in einem Dokument ankommen kann, um die Rechtsbeständigkeit eines Patents zu ermitteln. Der angestellte Patentanwalt darf zudem die übergeordnete Unternehmensstrategie nicht außer Acht lassen.

Sun Tzu lehrt, dass die Bewegungen des Feindes genau zu beobachten sind. Jedes Detail kann Aufschluss über das gegnerische Heer geben.[14] Das gilt auch für den gewerblichen Rechtsschutz. Befindet sich ein Konkurrenzunternehmen in der Auflösung, da die Mitarbeiter bereits mehrere Monate kein Gehalt erhalten haben, kann davon ausgegangen werden, dass die Schutzrechte nur noch nachlässig verteidigt werden. Die Patentabteilung ist demotiviert und es können keine exzellenten externen Patentanwaltskanzleien beauftragt werden.

[12] Cole, Meier, Amiot, Die Kunst des Krieges von Sun Tzu, vollständige Ausgabe, S. 84.
[13] Cole, Meier, Amiot, Die Kunst des Krieges von Sun Tzu, vollständige Ausgabe, S. 86.
[14] Cole, Meier, Amiot, Die Kunst des Krieges von Sun Tzu, vollständige Ausgabe, S. 86.

11 Gelände und Feldpositionen

Nicht jedes Gelände ist gleich. Verstehe das Gelände zu analysieren, Nutzen daraus zu ziehen und deinem Feind zu schaden.[1] Das Gelände im gewerblichen Rechtsschutz ist die aktuelle Rechtspraxis der Patentämter und die Rechtsprechung der Gerichte. Bevor der Patentfachmann ein streitiges Verfahren beginnt, sollte er sich Klarheit über die aktuelle Rechtsprechung verschaffen. Hierbei ist bei einem nationalen streitigen Verfahren zunächst nach aktueller Rechtsprechung des Bundesgerichtshofs zu recherchieren. Der Bundesgerichtshof ist die höchste richterliche Instanz. Seine Entscheidungen sind daher von den unteren Instanzen zu befolgen. Zusätzlich ist zu ermitteln, wie die Senate des Bundespatentgerichts entschieden haben. Gibt es eine einheitliche Entscheidungspraxis des Bundespatentgerichts oder entscheiden einzelne Senate in unterschiedlicher Weise. Wird ein Verletzungsverfahren geführt, ist die Rechtsprechung der Land- und Oberlandesgerichte zu analysieren.

Die aktuelle Rechtspraxis der Patentämter ist ebenfalls zu beobachten. Beispielsweise kann es vorteilhaft sein, eine Software beim Europäischen Patentamt und nicht beim Deutschen Patentamt anzumelden, da das Europäische Patentamt in diesem Punkt eher erteilungswillig ist. Es kann sogar sinnvoll sein, eine Software in einer besonderen Weise in einer Patentanmeldung, insbesondere im Anspruchssatz, zu formulieren, damit die Patentanmeldung von einer bestimmten Abteilung des Europäischen Patentamts geprüft wird, die besonders aufgeschlossen ist. Derartige Kenntnisse können offensichtlich darüber entscheiden, ob ein Patenterteilungsverfahren erfolgreich beendet wird.

[1] Cole, Meier, Amiot, Die Kunst des Krieges von Sun Tzu, vollständige Ausgabe, S. 87.

T. H. Meitinger, *Die Kunst des Krieges im gewerblichen Rechtsschutz*,
https://doi.org/10.1007/978-3-662-73952-5_11

11.1 Meide enge Durchgänge

Sun Tzu rät dazu, enge Durchgänge, beispielsweise enge Täler zu meiden. Durch enge Täler wird das Heer eingeklemmt und damit verwundbar. Außerdem kann zu einer Armee in einem Tal keine Verstärkung gelangen.[2]

11.2 Suche Orte mit Vorteilen

Ein Berg oder eine Anhöhe kann als Aussichtsposten dienen. Ein Überraschungsangriff des Feindes kann damit verhindert werden. Eine Vielzahl von ausgebauten Pfaden zu einem Heerlager stellen eine ausreichende Versorgung der Armee zu jeder Zeit sicher. Ein Fluss oder ein See in der Nähe gewährleistet die Versorgung mit Trinkwasser. Derartige Orte eignen sich für ein dauerhaftes Heerlager.[3] Der Patentfachmann sollte die „Versorgung seiner Truppe", insbesondere externe Rechts- und Patentanwälte, jederzeit sicherstellen können. Spezialisierte Rechts- und Patentanwälte rechnen Stundensätze zwischen 350 und 500 € ab.[4] Selbst wenn das streitige Verfahren gewonnen werden sollte und das Unterliegensprinzip anzuwenden ist, müssen daher erhebliche Summen zumindest vorgestreckt werden.

Unterliegensprinzip Das Unterliegensprinzip gilt insbesondere bei einem Patentverletzungs- und einem Nichtigkeitsverfahren. Das Unterliegensprinzip ist ein grundlegender Rechtsgrundsatz, wonach demjenigen die Kosten eines Verfahrens aufzubürden sind, der das Verfahren verloren hat.[5]

11.3 Handeln, ohne dass es der Feind merkt

Es ist sinnvoll, im Schutze der Nacht zu marschieren und bei Sonnenaufgang zu rasten. Hierdurch kann die Truppe schnell verlegt werden und der Feind wird Mühe haben, festzustellen, wo sein Gegner ist.[6]

Der Patentfachmann hat seine Vorgehensweise geheim zu halten. Hierbei hilft ihm die 18-monatige Geheimhaltungsfrist, die für Patentanmeldungen gilt. Wird ein Gebrauchsmuster beim Patentamt angemeldet, wird es bereits nach wenigen Wochen in das Register aufgenommen und damit öffentlich zugänglich. Soll daher die Anmeldung einer Erfindung zumindest 18 Monate vor den Konkurrenten geheim bleiben, sollte kein Gebrauchsmuster

[2] Cole, Meier, Amiot, Die Kunst des Krieges von Sun Tzu, vollständige Ausgabe, S. 87.

[3] Cole, Meier, Amiot, Die Kunst des Krieges von Sun Tzu, vollständige Ausgabe, S. 87.

[4] Stand Februar 2026.

[5] § 91 Absatz 1 Satz 1 ZPO.

[6] Cole, Meier, Amiot, Die Kunst des Krieges von Sun Tzu, vollständige Ausgabe, S. 87.

beim Patentamt eingereicht werden. Eine Möglichkeit der Vertuschung der Inhaberschaft einer Patentanmeldung kann durch das Einreichen der Anmeldung durch einen Strohmann erreicht werden. Hierdurch kann sichergestellt werden, dass das Wettbewerbermonitoring eines Konkurrenten ins Leere läuft.

11.4 Der Feind ist gut vorbereitet

Wenn man nach einem ersten Aufeinandertreffen der Heere feststellt, dass der Feind gut vorbereitet ist, sollte man sich zurückziehen und keinen zweiten Angriff durchführen.[7]

Wird in einem streitigen Verfahren offenbar, dass der Patentsachbearbeiter des Konkurrenzunternehmens ein kluger Kopf ist, beende das Verfahren zügig durch einen Vergleich. Wird im streitigen Verfahren deutlich, dass der externe Patentanwalt des Konkurrenzunternehmens ein hervorragender Fachmann ist, sichere dir für die Zukunft seine Dienste.

11.5 Kenne dich selbst, deinen Feind und die Umstände

Ein Feldherr, der um die Stärken und Schwächen seiner und der feindlichen Armee weiß und außerdem das Gelände mit seinen Pfaden, Festungen, Hügeln, Engstellen und Sümpfen kennt, ist unbesiegbar. Einem derartigen Feldherrn kann bestenfalls ein Unentschieden abgetrotzt werden.[8]

Im gewerblichen Rechtsschutz gibt es eine unendliche Anzahl an Daten, die abzuarbeiten und in ihrer Bedeutung zu bewerten sind. Es gibt die Dokumente des Stands der Technik, das Streitpatent, die Rechtspraxis der Patentämter und die Rechtsprechung der Gerichte. Werden alle Daten aufgenommen und in ihrer Wertigkeit richtig verarbeitet, wird der Patentsachbearbeiter, trotz der Ungewissheit von Entscheidungen der Gerichte, eine hervorragende Arbeit für sein Unternehmen erbringen.

11.6 Zusammenfassung

Sun Tzu lehrt, dass der Sieg in einem Feldzug nichts mit Glück zu tun hat, sondern mit akribischer Planung bis ins letzte Detail. Man sollte sich auch nicht auf eine zahlenmäßige Stärke verlassen, da diese durch einen klug handelnden Gegner zunichte gemacht werden kann. Insbesondere ist das Schlachtfeld mit seinen Besonderheiten zu studieren.[9]

[7] Cole, Meier, Amiot, Die Kunst des Krieges von Sun Tzu, vollständige Ausgabe, S. 88.

[8] Cole, Meier, Amiot, Die Kunst des Krieges von Sun Tzu, vollständige Ausgabe, S. 94.

[9] Cole, Meier, Amiot, Die Kunst des Krieges von Sun Tzu, vollständige Ausgabe, S. 96.

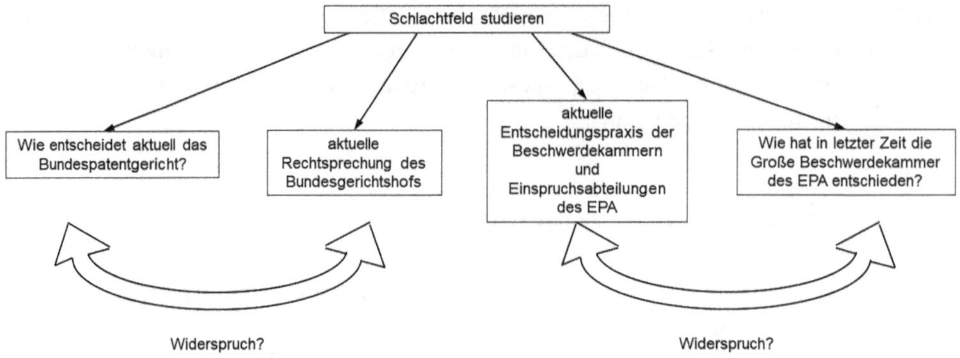

Abb. 11.1 Gerichte als Schlachtfelder

Abb. 11.1 zeigt die Schlachtfelder des gewerblichen Rechtsschutzes, nämlich für deutsche Verfahren das Bundespatentgericht und der Bundesgerichtshof und für europäische Verfahren die Kammern bzw. Abteilungen und die Große Beschwerdekammer des EPA. Außerdem ist hier noch das Einheitliche Patentgericht (EPG oder UPC) zu nennen. Bei Verletzungsverfahren ist die Rechtsprechung der Spezialkammern für den gewerblichen Rechtsschutz der Landgerichte zu beachten.

12 Die unterschiedlichen Situationen

In diesem Kapitel geht Sun Tzu auf unterschiedliche Geländetypen und die daraus folgenden Konsequenzen für eine Schlacht auf diesem Gelände ein. Insbesondere unterscheidet Sun Tzu zwischen einem leichten Gelände, das zur Flucht verleiten könnte, einem strategisch bedeutsamen Gelände, das unbedingt erobert und gehalten werden muss, Gelände, das viele Zugangsmöglichkeiten hat und daher Verbindungsmöglichkeiten schafft, verwüstetes Gelände, das für die eigenen Truppen gefährlich ist, und Todesgelände, das keine Optionen bietet, außer entschlossen zu kämpfen.[1]

Abb. 12.1 zeigt verschiedene „Geländetypen", mit denen sich ein Unternehmen und dessen Patentfachmann auseinander setzen muss. Strategisch bedeutsam sind Star-Patente, die eine Schrittmacher- oder Zukunftstechnologie beanspruchen. Diese Patente können für die Zukunft des Unternehmens sehr wichtig werden. Cash Cow-Patente sind aktuell sehr wertvoll, da sie den Umsatz generieren, von dem das Unternehmen aktuell lebt. Allerdings sollte man sich bewusst sein, dass jede technische Lehre einem Alterungsprozess unterliegt und irgendwann eine Cash Cow zum „armen Hund" wird. Poor Dog-Patente sind Schutzrechte, die eine Technologie beschreiben, die nicht mehr dem aktuellen Stand entspricht. Poor Dog-Patente sollten fallen gelassen werden, um Ressourcen freizumachen. Außerdem gibt es Fragezeichen-Patente, deren zukünftige Bedeutung ungewiss ist. Sie können sich zu Stars oder zu Poor Dogs entwickeln.

[1] Cole, Meier, Amiot, Die Kunst des Krieges von Sun Tzu, vollständige Ausgabe, S. 97–98.

T. H. Meitinger, *Die Kunst des Krieges im gewerblichen Rechtsschutz*,
https://doi.org/10.1007/978-3-662-73952-5_12

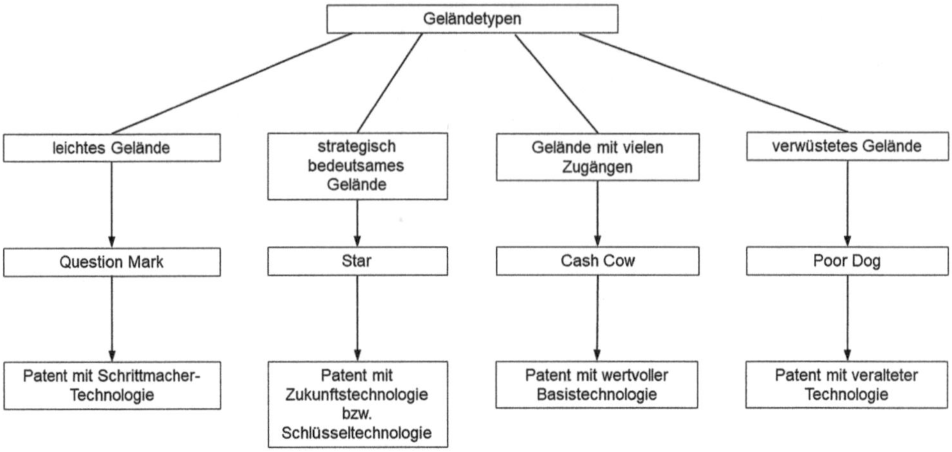

Abb. 12.1 „Geländetypen“

12.1 Todesgelände

Todesgelände ist in jeder Hinsicht gefährlich. Zu kämpfen kann den Tod bedeuten. Nicht zu kämpfen führt zu Hunger, Krankheit und Elend. Sieg und Überleben kann nur durch entschlossene Tatkraft erreicht werden.[2]

Der Patentsachbearbeiter kann insbesondere in Nichtigkeits- und Verletzungsverfahren in ein „Todesgelände“ geraten. In diesem Fall sollte er nicht starr vor Angst in Passivität und Schicksalsergebenheit verfallen, sondern entschlossen bis zum Schluss um den Sieg kämpfen. Der Ausgang wird jedoch dennoch ungewiss sein.

12.2 Gelände mit vielen Ausgängen

Ein Gelände mit vielen Ausgängen kann von sehr vielen Pfaden erreicht werden, sodass eine Armee aus unterschiedlichen Richtungen Verstärkung und Versorgung erhalten kann. Es können daher auch zu sehr vielen Seiten Kontakte gehalten werden und damit neue Bündnisse geschlossen werden. Es ist vorteilhaft ein derartiges Gelände zu dominieren.[3]

Es ist sinnvoll, Kontakte zu verschiedenen Seiten zu unterhalten. Hierdurch können zur passenden Zeit Allianzen gebildet werden, die zu großen Vorteilen führen. Es ist daher wichtig, dass der Patentsachbearbeiter zu Kollegen aus Unternehmen und zu kompetenten Patent- und Rechtsanwaltskanzleien gute Kontakte aufrechthält.

[2] Cole, Meier, Amiot, Die Kunst des Krieges von Sun Tzu, vollständige Ausgabe, S. 98–99.
[3] Cole, Meier, Amiot, Die Kunst des Krieges von Sun Tzu, vollständige Ausgabe, S. 98.

12.3 Gefährliches Gelände

Ein gefährliches Gelände weist Seen, Sümpfe, reißende Flüsse und nicht passierbare Abschnitte auf. In einem derartigen Gelände muss sich das Heer aufteilen und wird damit verwundbar.[4] Ein gefährliches Gelände im gewerblichen Rechtsschutz ist insbesondere ein technisches Gebiet, das durch eine Vielzahl an Patenten „zugepflastert" ist. Will ein Unternehmen in diesem technischen Gebiet tätig sein, muss es besonders vorsichtig sein, um in keine „Patentfalle" zu geraten. Ansonsten können die bisherigen Investitionen umsonst gewesen sein. Sorgfältige Freedom-to-operate-Gutachten und eventuell aggressive Angriffe auf störende Schutzrechte sind in diesem Fall erforderlich, um sich in einem derartigen schwierigen rechtlichen Umfeld zu behaupten.

12.4 Strategisch wichtiges Gelände

In einem strategisch wichtigen Gelände ist schnell und entschlossen zu handeln. Dem Feind darf keine Zeit zur Erholung gegeben werden. Es ist schnell die Kontrolle über dieses Gelände zu erlangen.[5]

Erkennt der Patentfachmann ein bedeutsames technisches Gebiet sind umgehend Patentanmeldungen beim Patentamt einzureichen, um dieses technische Gebiet zu monopolisieren. Hierdurch kann eine Kontrolle über dieses technische Gebiet erlangt werden. Die Konkurrenzunternehmen werden dann Mühe haben, in diesem Bereich noch Fuß zu fassen. Eventuell werden sie Lizenzen erwerben müssen, um sich einen Markteintritt zu verschaffen.

Standardessentielle Patente (SEP) Ein Standardessentielles Patent beansprucht eine Technologie, die zur Einhaltung eines technischen Standards notwendig ist. Ein Hersteller einer bestimmten Produktsorte muss daher das Standardessentielle Patent benutzen, um sein Produkt anbieten zu können. Es wurde höchstrichterlich bestimmt, dass der Inhaber eines Standardessentiellen Patents jedem Marktteilnehmer zu Frand-Bedingungen eine Lizenz gewähren muss. Frand-Bedingungen sind: Fair, Reasonable (angemessen) And Non-Discriminatory (nicht diskriminierend).

[4] Cole, Meier, Amiot, Die Kunst des Krieges von Sun Tzu, vollständige Ausgabe, S. 98.
[5] Cole, Meier, Amiot, Die Kunst des Krieges von Sun Tzu, vollständige Ausgabe, S. 99.

12.5 Leichtes Gelände

In leichtem Gelände sollte kein Heerlager aufgeschlagen werden, denn das leichte Gelände bietet, solange keine Stadt oder Festung eingenommen wurde, keinen Schutz.[6] Grundsätzlich sollte sich ein Unternehmen mit Schutzrechten, insbesondere Patenten, rechtlich absichern. Bevor eine geschäftliche Tätigkeit in einem neuen technischen Gebiet unternommen wird, ist daher eine Analyse der bereits vorhandenen Schutzrechte Dritter und nachfolgend die Anmeldung eigener Erfindungen zum Patent anzustreben.

12.6 Gegenseitige Unterstützung

Teile deine Kräfte nie und sorge dafür, dass sich die einzelnen Truppenteile gegenseitig unterstützen können.[7] Ein Patentsachbearbeiter sollte darauf achten, dass die Handlungen im gewerblichen Rechtsschutz in abgestimmter Weise mit den Tochterunternehmen des eigenen Unternehmens erfolgen. Auf diese Weise können finanzielle und zeitliche Ressourcen effizient eingesetzt werden.

12.7 Unerwartete Verbündete

Es kann Situationen geben, die dazu führen, dass sich Konkurrenten gegenseitig helfen, wenn sie erkennen, dass sie nur gemeinsam überleben können.[8] Man sollte immer offen sein für neue Bündnisse, die auch zeitlich beschränkt sein können, die aber im richtigen Moment einen großen Stellenwert einnehmen. Es ist daher als Patentsachbearbeiter empfehlenswert, ein allgemein akzeptierter Gesprächspartner zu sein.

12.8 Klugheit gleicht Unterlegenheit aus

Ist die eigene Armee kleiner als die des Feindes, kann dennoch ein Sieg errungen werden. Allerdings erfordert dies einen klugen Feldherrn.[9] Es kann durchaus sein, dass Auseinandersetzungen mit einem Konkurrenzunternehmen gewonnen werden, obwohl das Konkurrenzunternehmen die besseren Patente mit den größeren Schutzbereichen hält. Allerdings muss in diesem Fall die eigene Argumentation besser als die des Gegners sein. Jede Argumentation sollte in Form einer Story vorgetragen werden, bei der langsam und

[6] Cole, Meier, Amiot, Die Kunst des Krieges von Sun Tzu, vollständige Ausgabe, S. 99.
[7] Cole, Meier, Amiot, Die Kunst des Krieges von Sun Tzu, vollständige Ausgabe, S. 101.
[8] Cole, Meier, Amiot, Die Kunst des Krieges von Sun Tzu, vollständige Ausgabe, S. 105.
[9] Cole, Meier, Amiot, Die Kunst des Krieges von Sun Tzu, vollständige Ausgabe, S. 105.

zwingend zur eigentlichen These herangeführt wird. Eine gekonnte Argumentation kann auch starke Patente zu Fall bringen.

12.9 Zusammenfassung

Sun Tzu bewertet ein Gelände danach, ob es bergig, hügelig, sumpfig, flach, offen, schroff, felsig, bewaldet, karg oder wüst ist und wie sich in diesem Gelände eine Armee bewegen und versorgt werden kann. Befindet man sich im Grenzgebiet, besteht die Gefahr, dass die eigenen Soldaten zur Flucht neigen. Ist man tief im Feindesland und sind Festungen im Rücken der Armee, befindet man sich in einem eingeengten Gelände. Gibt es keinen Weg zurück, ist die Armee entschlossen zum Kampf.[10] Sun Tzu betrachtet immer alle Aspekte bei der Kriegsführung, da er weiß, dass ein Krieg nur gewonnen werden kann, wenn alles bedacht wird und dass ein Krieg verloren gehen kann, wenn nur ein einziger Aspekt der Kriegsführung vergessen wurde.

[10] Chan, Die Kunst des Krieges, S. 58.

13 Angriff mit Feuer

Sun Tzu beschreibt in diesem Kapitel die Anwendungen von Feuer zur Kriegsführung, wobei er zwischen dem Töten von Soldaten durch Feuer, dem Verbrennen der Vorräte und der Munitionsdepots des Feindes unterscheidet. Außerdem beschreibt er das richtige Anlegen und Entfachen von Feuer. Es geht daher in diesem Kapitel um die konkrete Anwendung eines verheerenden Instruments der Kriegsführung, wobei die Wahl des Zieles und das Timing beschrieben wird.

13.1 Zeitpunkt zum Entzünden und Feuer entfachen

Sun Tzu unterscheidet einen Zeitpunkt zum Entzünden eines Feuers und einen späteren Zeitpunkt, zu dem das Feuer entfacht, also groß und verheerend wird.[1] Der zeitliche Unterschied zwischen dem Anzünden des Feuers und dem Entfachen kann bedeutend sein, sodass das Anzünden zunächst unbemerkt bleiben kann und das Entdecken des Feuers mit seiner verheerenden Folge erst spät eintritt. Allerdings muss dem Feuerleger klar sein, dass ein einmal gelegtes Feuer unaufhaltsam irgendwann seine verheerende Wirkung entfacht.

Die Anmeldung eines Patents kann eine ähnlich vernichtende Wirkung aufweisen, da bei Vorliegen eines erteilten Patents ein gesetzlich garantiertes Verbietungsrecht besteht, durch das jedem Dritten die Benutzung der patentgeschützten Erfindung verboten werden kann. Dies gilt auch, wenn bereits umfangreiche Investitionen vorgenommen wurden. Umfangreiche Ausgaben für die Produktion einer Erfindung schützen nicht davor, dass diese Produktion eingestellt werden muss, wenn die Erfindung patentgeschützt ist und der

[1] Cole, Meier, Amiot, Die Kunst des Krieges von Sun Tzu, vollständige Ausgabe, S. 115.

T. H. Meitinger, *Die Kunst des Krieges im gewerblichen Rechtsschutz*,
https://doi.org/10.1007/978-3-662-73952-5_13

fremde Patentinhaber die Benutzung verbietet. Allerdings kann das Verbietungsrecht des Patentinhabers in besonderen Ausnahmefällen aufgehoben werden.

Benutzungsanordnung *Die Bundesregierung kann anordnen, dass auch gegen den Willen des Patentinhabers ein Patent benutzt wird, falls dies im Interesse der öffentlichen Wohlfahrt ist.*[2]

Zwangslizenz *Das Bundespatentgericht kann eine nicht ausschließliche Befugnis zur Benutzung eines Patents erteilen, wenn dies aufgrund des öffentlichen Interesses erforderlich ist und der Lizenzsucher erfolglos um eine Lizenz nachgesucht hat.*[3] *Eine Zwangslizenz kann außerdem erteilt werden, wenn ein Patentinhaber sein Patent wegen eines älteren Patents nicht benutzen kann und das Patent von erheblicher wirtschaftlicher Bedeutung ist und einen wichtigen technischen Fortschritt darstellt. Der Patentinhaber muss zuvor erfolglos um eine Lizenz nachgesucht haben.*[4]

13.2 Timing

Sun Tzu erklärt den richtigen Umgang mit Feuer als Waffe. Zunächst sollte Feuer nur bei trockenem Wetter eingesetzt werden. Außerdem ist aufkommender Wind erforderlich, damit Feuer seine verheerende Wirkung entfaltet. Sun Tzu erklärt, dass hierzu der Mond zu beobachten ist und dass falls der Mond im Zeichen des Siebes, der Mauer, des Flügels oder der Sprosse steht, mehrere Tage mit heftigem Wind zu erwarten sind.[5]

13.3 Wut und Rachsucht

Ein General, der von Wut und Rachsucht getrieben ist, ist blind und kann das Handwerk der Kriegskunst nicht ausüben. Ein derartiger gefühlsgetriebener General ist kein kluger Feldherr und sollte vom Herrscher abgesetzt werden.[6]

Die Arbeit eines Patentsachbearbeiters ist bestimmt durch akribisches Studium von Dokumenten des Stands der Technik und des Streitpatents. Emotionen trüben die Urteilskraft des Patentsachbearbeiters und verleiten ihn zu Fehlern. Es ist sinnvoll, einen externen Patentanwalt einzuschalten, der objektiv eine rechtliche Situation beurteilen kann.

[2] § 13 Absatz 1 Satz 1 Patentgesetz.

[3] § 24 Absatz 1 Patentgesetz.

[4] § 24 Absatz 2 Patentgesetz.

[5] Chan, Die Kunst des Krieges, S. 66.

[6] Cole, Meier, Amiot, Die Kunst des Krieges von Sun Tzu, vollständige Ausgabe, S. 117.

Streitpatent ist ein Patent, das Gegenstand eines Rechtsstreits, beispielsweise eines Einspruchs oder eines Nichtigkeitsverfahrens ist.

13.4 Das Ziel verfolgen

Der Patentsachbearbeiter sollte nie sein Ziel aus den Augen verlieren. Das Ziel muss sein, einen Beitrag zur Umsetzung der Unternehmensstrategie zu leisten. Die Schwierigkeit hierbei ist, dass der Patentsachbearbeiter zusammen mit der Entwicklungsabteilung die Unternehmensstrategie zu einem sehr frühen Zeitpunkt umsetzen muss, zu dem sie eventuell noch nur rudimentär beschrieben werden kann. Es sind daher vom Patentsachbearbeiter auch vorausschauende Fähigkeiten gefordert, um Patentanmeldungen anzustreben, die in der Zukunft die Unternehmensstrategie geeignet unterstützen.

13.5 Zusammenfassung

Sun Tzu lehrt, dass jeder Krieg einen Preis hat, auch für den Sieger. Man sollte daher immer langfristig denken und nicht einen Feldzug führen, der zwar kurzfristig einen Sieg verspricht, aber langfristig nicht der Unternehmensstrategie dient.[7] Sun Tzu arbeitet mit allen Mitteln, die zur Kriegsführung taugen. Mit Feuer kann eine verheerende Wirkung erzielt werden und ein ganzes Heer ausgelöscht werden. Mit Wasser kann eine feindliche Armee aufgespalten und damit geschwächt werden.[8]

[7] Cole, Meier, Amiot, Die Kunst des Krieges von Sun Tzu, vollständige Ausgabe, S. 120.
[8] Chan, Die Kunst des Krieges, S. 67.

Spione einsetzen 14

Sun Tzu lehrt, den Feind genauestens zu studieren. Die Kenntnis des Feindes darf nicht oberflächlich bleiben. Wichtig ist, dass ein Wissen über interne Strukturen des Feindes gewonnen wird.[1] „Spione" einsetzen bedeutet für den Patentsachbearbeiter sämtliche Informationen zu sammeln, die Einblicke in das Konkurrenzunternehmen und dessen konkrete Anmeldestrategien geben. Hierbei können auch Einträge in LinkedIn oder Facebook interessant sein. „Spione" können ehemalige Mitarbeiter des Konkurrenzunternehmens sein, die über ihren ehemaligen Arbeitgeber zu berichten wissen.

14.1 Kosten und Nutzen von Spionen

Ein Krieg bedeutet eine enorme finanzielle und menschliche Belastung für ein Land. Die Kosten zum Ausheben und Unterhalt einer Armee sind hoch. Das menschliche Leid durch den Tod von Vätern, Brüdern und Söhnen ist unermesslich. Es ist daher nachgerade eine Pflichtverletzung sich nicht über ein feindlich gesinntes Land durch Spione Erkundigungen einzuholen und damit eventuell einen Krieg zu verhindern oder die Dauer des Krieges zu verkürzen.[2] Der Patentfachmann hat den Auftrag, die Unternehmensstrategie seines Unternehmens umzusetzen. Eine Unternehmensstrategie gibt immer technische Gebiete vor, in denen Marktanteile erworben werden sollen. Das Einnehmen von Marktanteilen ergibt sich regelmäßig durch das Abnehmen von Marktanteilen der Konkurrenz oder dass der Konkurrenz zuvorgekommen wird. Informationen über das Konkurrenzunternehmen können beides erleichtern und damit die finanziellen Ressourcen des eigenen Unternehmens schonen und die Realisierung der Unternehmensstrategie beschleunigen.

[1] Cole, Meier, Amiot, Die Kunst des Krieges von Sun Tzu, vollständige Ausgabe, S. 122.

[2] Chan, Die Kunst des Krieges, S. 68.

T. H. Meitinger, *Die Kunst des Krieges im gewerblichen Rechtsschutz*,
https://doi.org/10.1007/978-3-662-73952-5_14

14.2 Arten von Spionen

Es gibt drei Arten von Spionen. Zum einen gibt es die internen Spione, die im Staatsapparat des Feindes tätig sind. Es gibt die übergelaufenen Spione, die zuvor für den Feind spioniert haben. Außerdem gibt es die todgeweihten Spione, die mit irreführendem Wissen versorgt werden und die vom Feind gefangen werden sollen, damit dieser die falschen Informationen aus ihnen herauspresst und für bare Münze hält.[3]

14.3 Spaltung nutzen

Es kann auf viele Arten vorteilhaft sein, für Spaltung im gegnerischen Lager zu sorgen. Spaltung kann dadurch erzeugt werden, dass Allianzen des Feindes torpediert werden oder dass Offiziere des feindlichen Heers abgeworben werden.[4] Der Patentsachbearbeiter kann versuchen, eine gegnerische Phalanx von Unternehmen aufzubrechen, um eine Vielzahl von gegnerischen Parteien in streitigen Verfahren zu verhindern. Werden Mitarbeiter aus einem Konkurrenzunternehmen abgeworben, kann außerdem eine Schwächung des Konkurrenzunternehmens erreicht werden.

14.4 Gegnerische Einheiten unterstützen sich nicht

Wenn man herausgefunden hat, welche Einheiten sich innerhalb der feindlichen Armee argwöhnisch beäugen und klammheimlich bekämpfen, kann dieses Wissen genutzt werden, um einen Keil in das feindliche Heer zu treiben.[5]

14.5 Interne Querelen

Uneinigkeit in einer Armee wird Vertrauen durch Misstrauen und Belohnung durch Bestrafung ersetzen. Die fähigsten Offiziere werden das Heer verlassen.[6] Eine sehr wichtige Information ist es, ob unternehmensintern in einem Konkurrenzunternehmen Querelen und Unstimmigkeiten bestehen. Sind diese Querelen massiv, können sie den Bestand des Unternehmens gefährden und die besten Mitarbeiter werden das Unternehmen verlassen. Diese Schwäche des Konkurrenzunternehmens kann der Patentsachbearbeiter für sein eigenes Unternehmen nutzen.

---

[3] Eisenhofer, Sunzi. Die Kunst des Krieges, S. 108.

[4] Cole, Meier, Amiot, Die Kunst des Krieges von Sun Tzu, vollständige Ausgabe, S. 123.

[5] Cole, Meier, Amiot, Die Kunst des Krieges von Sun Tzu, vollständige Ausgabe, S. 124.

[6] Cole, Meier, Amiot, Die Kunst des Krieges von Sun Tzu, vollständige Ausgabe, S. 124.

14.6 Zusammenfassung

Sun Tzu ermahnt, sich in den Feind hineinzuversetzen. Seine Beweggründe sind zu verstehen, um seine Handlungen zu antizipieren. Hierzu werden Spione, Täuschung und Manipulation genutzt, wodurch sogar ein mächtiger Feind zu Fall gebracht werden kann.[7]

Es schadet nicht, wenn man als Patentsachbearbeiter einen „Marktüberblick" hat und sich mit Patentsachbearbeitern von anderen Unternehmen unterhält. Man sollte keine „Spione" ansetzen, aber ein offenes Ohr zu haben, kann nützen. Oft gehen auf Messen Gerüchte herum bzw. allein ein kümmerlicher oder nachlässiger Messeaufbau lässt schon auf den Zustand des betreffenden Unternehmens schließen. Auf diese Weise lässt sich auf das Betriebsklima bzw. den Zusammenhalt oder Zersetzungserscheinungen des Konkurrenzunternehmens schließen.

[7] Cole, Meier, Amiot, Die Kunst des Krieges von Sun Tzu, vollständige Ausgabe, S. 128.

15 List und Tücke: das überraschende Patentportfolio

Ein grundsätzliches Prinzip der Lehren von Sun Tzu ist die Täuschung. Insbesondere kann Passivität vorgegaukelt werden und heimlich aktiv ein technisches Gebiet mit Schutzrechten „zugepflastert" werden. Hierzu kann die 18-monatige Geheimhaltungsfrist genutzt werden, während der das Patentamt eine Patentanmeldung geheim halten muss. Während diesen 18 Monaten nach dem Anmeldetag kann eine Anmeldung nicht recherchiert werden, sodass in diesem Zeitfenster ein technisches Gebiet intensiv bearbeitet werden kann, ohne dass dies von der Konkurrenz festgestellt wird. Insbesondere kann in diesem Zeitraum eine hohe Anzahl an Patentanmeldungen getätigt werden, ohne dass dies von den Wettbewerbern bemerkt werden kann.

15.1 Problematik der neuen Technologie

Das Auftauchen einer neuen Technologie kann zu einem Wettrennen darum führen, wer als erster die grundlegenden Schutzrechte erhält. Es ist sinnvoll, im Geheimen Patentanmeldungen einzureichen, die das entsprechende technische Gebiet beanspruchen. Das kann auch durch den Einsatz von Strohmännern gelingen.

Die F&E-Abteilung und die Patentabteilung sollten eng zusammenarbeiten. Direkt nach der Entwicklung eines neuen Produkts oder Verfahrens sollte umgehend eine Patentanmeldung eingereicht werden, die geeigneten rechtlichen Schutz bietet.

Abb. 15.1 zeigt die mögliche Abfolge bei dem Aufbau eines Patentportfolios nachdem eine neue Technologie bekannt wurde. Damit die Konkurrenzunternehmen nicht auf den Zug aufspringen und ebenfalls Schutzrechte einreichen, sollte die Geheimhaltungsfrist des Patentamts genutzt werden und während den 18 Monaten nach dem Anmeldetag der ersten Patentanmeldung die weiteren Anmeldungen erfolgen. Erst nach 18 Monaten wird dann

T. H. Meitinger, *Die Kunst des Krieges im gewerblichen Rechtsschutz*,
https://doi.org/10.1007/978-3-662-73952-5_15

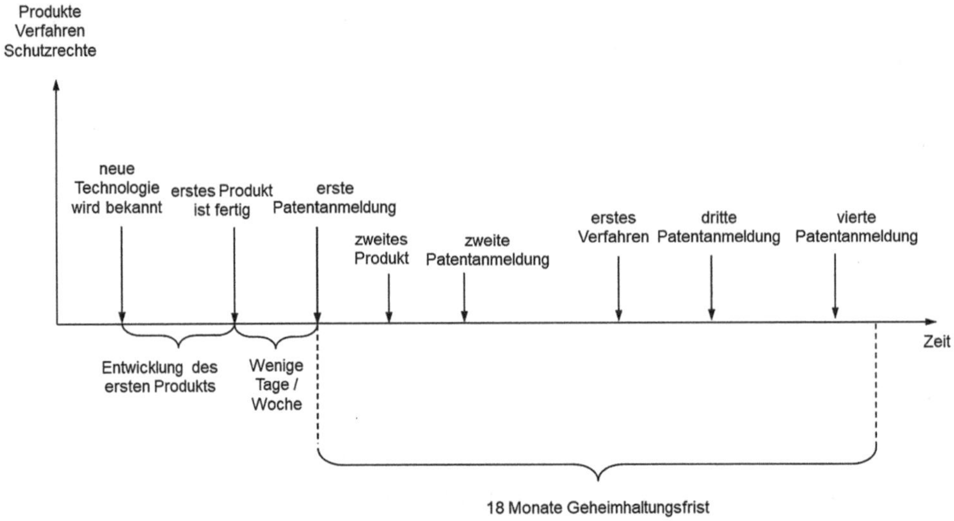

Abb. 15.1 Nutzen der 18-monatigen Geheimhaltungsfrist

die Konkurrenz recherchieren können, dass bezüglich der neuen Technologie bereits eine erste Patentanmeldung eingereicht wurde. Die weiteren Anmeldungen werden entsprechend später veröffentlicht. Vorteilhafterweise werden dann durch die eigenen Patentanmeldungen die wesentlichen Ausführungsformen und Verfahren der neuen Technologie für das eigene Unternehmen beansprucht.

15.2 Täuschung durch Gebrauchsmuster

Es können Schutzrechte beim Patentamt eingereicht werden, die vortäuschen sollen, dass man sich für die in den Schutzrechten enthaltene Technologie interessiert.

Abb. 15.2 zeigt den zeitlichen Ablauf des Aufbaus eines Patentportfolios zur Beanspruchung einer neuen Technologie. Es kann sinnvoll sein, Schutzrechte beim Patentamt einzureichen, die allein der Täuschung und Ablenkung der Konkurrenz dienen. Insbesondere können Gebrauchsmuster angemeldet werden. Gebrauchsmuster werden relativ zügig veröffentlicht und können dann von den Konkurrenzunternehmen recherchiert werden. Die Eintragung von Gebrauchsmustern in das Register des Patentamts erfolgt innerhalb von 2 bis maximal 5 Monaten. Man sollte darauf achten, dass die Gebrauchsmusteranmeldung keine formalen Mängel enthält, um Verzögerungen zu vermeiden. Diese „Ablenkungs“-Gebrauchsmuster befassen sich mit technischen Gebieten, von denen die Konkurrenz vernünftigerweise annehmen kann, dass sie hochinteressant sind, die sich aber keinesfalls mit der neuen Technologie befassen, die von den Patentanmeldungen beansprucht werden. Hierdurch stiftet man zumindest lähmende Verwirrung in den Konkurrenzunternehmen. Die Gebrauchsmuster beschreiben dabei stets eine bedeutungslose Technologie und

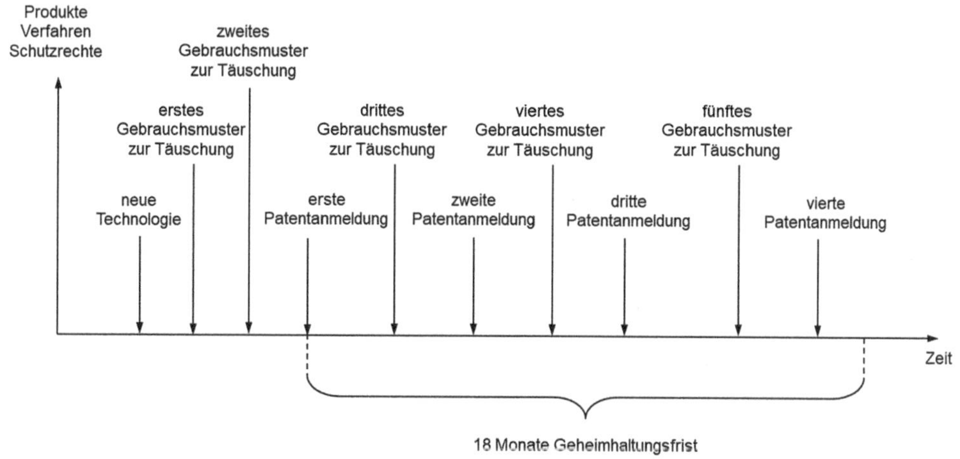

Abb. 15.2 Gebrauchsmuster zur Täuschung

dienen nur zur Ablenkung. Die Patentanmeldungen benspruchen die neue, bedeutsame Technologie und bilden das wichtige Patentportfolio, das innerhalb der 18-monatigen Geheimhaltungsfrist aufgebaut wird, die ab dem Anmeldetag der ersten Patentanmeldung startet.

In der Abb. 15.2 ist mehrmals das Einreichen von Gebrauchsmustern beschrieben, die während der 18-monatigen Geheimhaltungsfrist der ersten Patentanmeldung beim Patentamt angemeldet werden. Ein angemeldetes Gebrauchsmuster wird innerhalb einer Frist von 2 bis 5 Monaten in das Gebrauchsmusterregister eingetragen und damit für die Öffentlichkeit zugänglich. Durch eine Vielzahl an Gebrauchsmustern kann der Täuschungseffekt verstärkt werden.

15.3 Provisorische und professionelle Patentanmeldungen

Wird eine neue Technologie entdeckt, werden eigene Produkte und Verfahren auf Basis dieser Technologie entwickelt. Diese Erfindungen sollten sehr schnell durch eine Patentanmeldung gesichert werden, da ein früher Anmeldetag entscheidend ist. Es können zunächst nur „provisorische" Patentanmeldungen eingereicht werden, die die Erfindung ausführlich beschreiben und detaillierte Zeichnungen enthalten. Eine provisorische Patentanmeldung ist nur rudimentär ausgeführt, insbesondere kann ein einleitender Teil und Patentansprüche entfallen. Eine Patenterteilung mit einer derartigen verkürzten Anmeldung wird wahrscheinlich nicht gelingen. Innerhalb einer 1-Jahresfrist können diese provisorischen Patentanmeldungen zu einer professionellen Anmeldung zusammengefasst werden, indem jeweils die inneren Prioritäten der provisorischen Patentanmeldungen in Anspruch genommen werden. Bei einer provisorischen Patentanmeldung genügt es, wenn

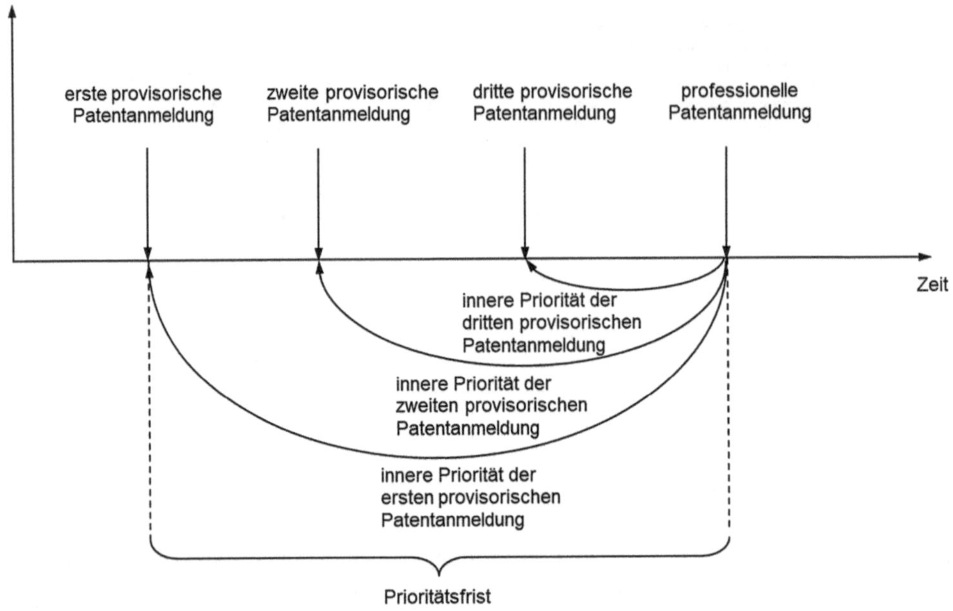

Abb. 15.3 Zusammenfassen von provisorischen Patentanmeldungen

sie aus zwei Teilen besteht, nämlich aus mehreren Zeichnungen und einer detaillierten Beschreibung dieser Zeichnungen.

Abb. 15.3 zeigt die Anwendung der inneren Priorität im deutschen Verfahren, bei der innerhalb der Prioritätsfrist von einem Jahr eine professionelle Patentanmeldung die Prioritäten der vorhergehenden ersten, zweiten und dritten provisorischen Patentanmeldung, die innerhalb der Einjahresfrist der ersten provisorischen Patentanmeldung beim Patentamt eingereicht wurden, in Anspruch nimmt. Eine professionelle Patentanmeldung wird von einem Patentanwalt ausgearbeitet, sodass keine formalen Mängel einer Patenterteilung entgegenstehen.

15.4 Neuheitsschonfrist

Es kann durchaus vorkommen, dass die erste Veröffentlichung einer neuen Technologie durch einen eigenen Irrtum geschieht, dass also die neue Technologie eine eigene Erfindung ist und sie durch ein Missgeschick zu früh veröffentlicht wurde. In diesem Fall sollte man daran denken, dass mit einem Gebrauchsmuster eine Neuheitsschonfrist verbunden ist.[1] Eigene Veröffentlichungen innerhalb eines Zeitraums von sechs Monaten vor dem Anmeldetag des Gebrauchsmusters bleiben bei der Bewertung der Rechtsbeständigkeit

[1] § 3 Absatz 1 Satz 3 Gebrauchsmustergesetz.

des Gebrauchsmusters außer Betracht. Dies gilt bei einer Patentanmeldung nur bei einem offensichtlichen Missbrauch oder falls die Technologie auf einer amtlich anerkannten Ausstellung gezeigt wurde.[2]

15.5 Abzweigung eines Gebrauchsmusters zur Durchsetzung

Mit einer Abzweigung entsteht aus einer Patentanmeldung ein Gebrauchsmuster. Der Vorteil eines abgezweigten Gebrauchsmusters gegenüber der Stamm-Patentanmeldung ist, dass das Gebrauchsmuster ein durchsetzbares Schutzrecht ist. Das gilt für eine Patentanmeldung, die noch nicht zum Patent erteilt wurde, nicht.

Abb. 15.4 zeigt das Gebrauchsmuster, das derart abgezweigt werden kann, dass es direkt nach dem Ablauf der 18-monatigen Geheimhaltungsfrist zur Verfügung steht. In diesem Fall kann die Konkurrenz sofort nach der 18-monatigen Geheimhaltungsfrist, also zu dem Zeitpunkt an dem die Konkurrenz frühestens von der ersten Patentanmeldung erfahren kann, mit einem Schutzrecht bekämpft werden, das die neue Technologie beschreibt.

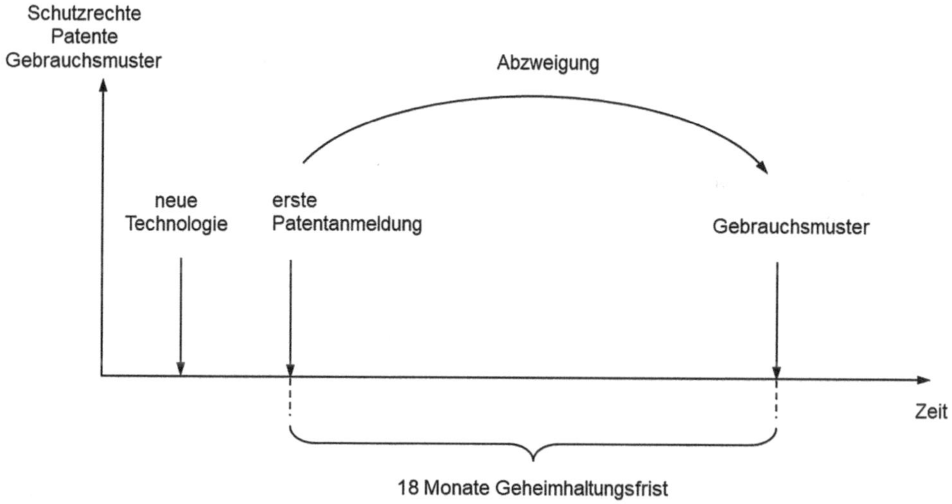

Abb. 15.4 Gebrauchsmusterabzweigung

[2] § 3 Absatz 5 Satz 1 Patentgesetz.

15.6 Zusammenfassung

Die 18-Monats-Frist der Geheimhaltung eingereichter Patentanmeldungen kann genutzt werden, um von der Konkurrenz unbemerkt ein Patentportfolio aufzubauen. Zusätzlich können Gebrauchsmusteranmeldungen beim Patentamt eingereicht werden, die bereits nach 2 bis maximal 5 Monaten von der Konkurrenz recherchiert werden können, und die die Konkurrenz in die Irre führen.

Kenne Dich und Deinen Feind: Vergleich der Patentportfolios 16

Der Patentfachmann eines Unternehmens muss über die eigene und die Stärke der gegnerischen Partei Bescheid wissen. Ein wichtiger Bestandteil eines Vergleichs stellt eine Gegenüberstellung der Patentportfolios dar.

16.1 Wertvolle Patente ermitteln

Bevor ein Vergleich des eigenen Patentportfolios mit einem Patentportfolio eines Konkurrenten erfolgt, sind diejenigen Patente auszusondern, die ohne Bedeutung sind. Bedeutungslos sind insbesondere Patente, die nicht rechtsbeständig sind oder die überhaupt nicht benutzt werden, da sie ganz spezielle Ausführungsformen beschreiben, die vom Markt nicht nachgesucht werden. Außerdem können nicht durchsetzbare Patente unberücksichtigt bleiben, da sie von den Konkurrenzunternehmen nicht respektiert werden. Nicht durchsetzbar ist ein Patent beispielsweise, wenn seine Verletzung nicht nachgewiesen werden kann.

Es sind im Wesentlichen drei Kriterien zu beachten, um wertvolle von wertlosen Patenten zu unterscheiden:

- *Rechtsbeständigkeit.* Nur ein Patent, dessen technische Lehre neu und erfinderisch ist, wird von Konkurrenzunternehmen respektiert. Ansonsten liegt ein Scheinrecht vor, das sofort durch ein Einspruchs- oder Nichtigkeitsverfahren vernichtet werden kann.
- *Durchsetzbarkeit.* Ist ein Patent nicht durchsetzbar, da beispielsweise patentverletzende Produkte nicht erworben und analysiert werden können, stellt das Patent keinen Wert dar. Eine mangelnde Durchsetzbarkeit ist ebenfalls gegeben, falls das Patent ohne großen Aufwand umgangen werden kann.

T. H. Meitinger, *Die Kunst des Krieges im gewerblichen Rechtsschutz*,
https://doi.org/10.1007/978-3-662-73952-5_16

Tab. 16.1 Wertvoller Anspruch 1

Unabhängiger Anspruch 1	Rechtsbeständigkeit	Durchsetzbarkeit	Benutzung
Merkmal 1	nein	ja	ja
Merkmal 2	nein	ja	ja
Merkmal 3	nein	ja	ja
Merkmal 4	nein	ja	ja
Merkmal 5	ja	ja	ja

Tab. 16.2 Wertloser Anspruch 2

Unabhängiger Anspruch 2	Rechtsbeständigkeit	Durchsetzbarkeit	Benutzung
Merkmal 1	nein	ja	ja
Merkmal 2	nein	ja	ja
Merkmal 3	nein	nein	ja
Merkmal 4	nein	ja	ja
Merkmal 5	ja	ja	nein

- *Benutzung.* Nur ein Schutzrecht, das aktuell oder höchstwahrscheinlich in naher Zukunft benutzt wird, ist wertvoll. Eine relevante Benutzung liegt auch vor, wenn ein Wettbewerber das Patent nutzt und dafür Lizenzgebühren entrichtet. Eine weitere „Benutzungsvariante" liegt vor, wenn durch ein Patent die Benutzung eines zweiten Patents ungeschmälert möglich ist, da das Patent Wettbewerber aus dem Markt hält. Ein derartiges Sperrpatent hat ebenfalls einen ökonomischen Wert.

Nur wenn alle drei Kriterien erfüllt sind, kann von einem wertvollen Patent ausgegangen werden. Die Kriterien sind jeweils auf die unabhängigen Ansprüche eines Patents anzuwenden. Erfüllt ein unabhängiger Anspruch sämtliche Kriterien liegt bereits ein wertvolles Patent vor.

Die Kriterien der Rechtsbeständigkeit, der Durchsetzbarkeit und der Benutzung können auf die einzelnen Merkmale eines Anspruchs angewandt werden. Hierbei ist zu berücksichtigen, dass ein Anspruch als rechtsbeständig gilt, wenn nur ein einzelnes Merkmal des Anspruchs dieses Kriterium erfüllt. Im Gegensatz dazu müssen für die Kriterien der Durchsetzbarkeit und der Benutzung sämtliche Merkmale diese Kriterien erfüllen, damit der betreffende Anspruch durchsetzbar ist bzw. als „in Benutzung" gilt.

Weist ein erstes Patent beispielsweise zwei unabhängige Ansprüche 1 und 2 mit jeweils fünf Merkmalen auf, so können sich die Situationen der Tab. 16.1 und 16.2 ergeben.

Tab. 16.1 zeigt den wertvollen Anspruch, bei dem ein Merkmal rechtsbeständig ist, was zum Erfüllen des Kriteriums der Rechtsbeständigkeit genügt. Außerdem ist der Anspruch durchsetzbar und in Benutzung, da dies für alle seine Merkmale gilt. Da der unabhängige Anspruch 1 wertvoll ist, gilt dies auch für das komplette Patent, da hierzu ein Anspruch genügt.

Tab. 16.2 zeigt den zweiten unabhängigen Anspruch 2 des zu bewertenden Patents, wobei der Anspruch 2 rechtsbeständig ist, da dies zumindest für das Merkmal 5 des

Tab. 16.3 Konkretes Beispiel eines wertvollen Anspruchs

Unabhängiger Anspruch	Rechtsbeständigkeit	Durchsetzbarkeit	Benutzung
Automobil	nein	ja	ja
Motor zum Antrieb des Automobils	nein	ja	ja
Getriebe zur Übersetzung der Drehzahl des Motors	nein	ja	ja
Vorrichtung zum Verbinden des Automobils mit dem Internet	nein	ja	ja
KI zur Berechnung der Übersetzung des Getriebes	ja	ja	ja

Anspruchs 2 gilt. Allerdings ist der Anspruch 2 nicht durchsetzbar, da das Merkmal 3 nicht durchsetzbar ist, außerdem wird der Anspruch aktuell nicht benutzt und eine Benutzung in der Zukunft ist auszuschließen. Der zweite unabhängige Anspruch 2 ist daher wertlos. Dennoch ist das Patent mit dem ersten und dem zweiten unabhängigen Anspruch insgesamt wertvoll, da dies zumindest für den ersten unabhängigen Anspruch gilt.

In einem konkreten Beispiel wird mit einem unabhängigen Anspruch ein Automobil beansprucht. Die Tab. 16.3 zeigt die Merkmale des Anspruchs, wobei die Rechtsbeständigkeit des Anspruchs gegeben ist, da zumindest ein Merkmal des Anspruchs dieses Kriterium erfüllt. Vorteilhafterweise sind alle Merkmale durchsetzbar und alle Merkmale des Anspruchs werden außerdem benutzt oder eine Benutzung ist zumindest für die nähere Zukunft geplant. In diesem Fall ist das entsprechende Patent wertvoll, da zumindest ein unabhängiger Anspruch wertvoll ist.

16.2 Vergleich der technischen Gebiete

Zum vollständigen Vergleich des eigenen Patentportfolios mit denjenigen der Konkurrenz ist eine Betrachtung der technischen Gebiete erforderlich, in denen die Unternehmen tätig sind.

Abb. 16.1 zeigt einen Vergleich der eigenen Patente, in Kreisen, mit denen eines Wettbewerbers, in Kästchen. Das eigene Unternehmen hat drei Patente P3, P4 und P5 im technischen Gebiet B und das Konkurrenzunternehmen nur die beiden Schutzrechte P1 und P2. Außerdem gibt es ein Patent P6 und zwei Gebrauchsmuster G7 und G8, die in einem technischen Gebiet D einzuordnen sind. Das Konkurrenzunternehmen hat in diesem technischen Gebiet D sogar drei Patente P3, P4 und P5. Im technischen Gebiet A hat nur das eigene Unternehmen Schutzrechte (P1 und P2), wobei das Konkurrenzunternehmen im technischen Gebiet C Schutzrechte hat und das eigene Unternehmen nicht.

Abb. 16.2 ermöglicht einen Vergleich der Schutzrechte des eigenen Unternehmens mit zwei Konkurrenten, wobei eine feinere Abstufung gewählt wurde.

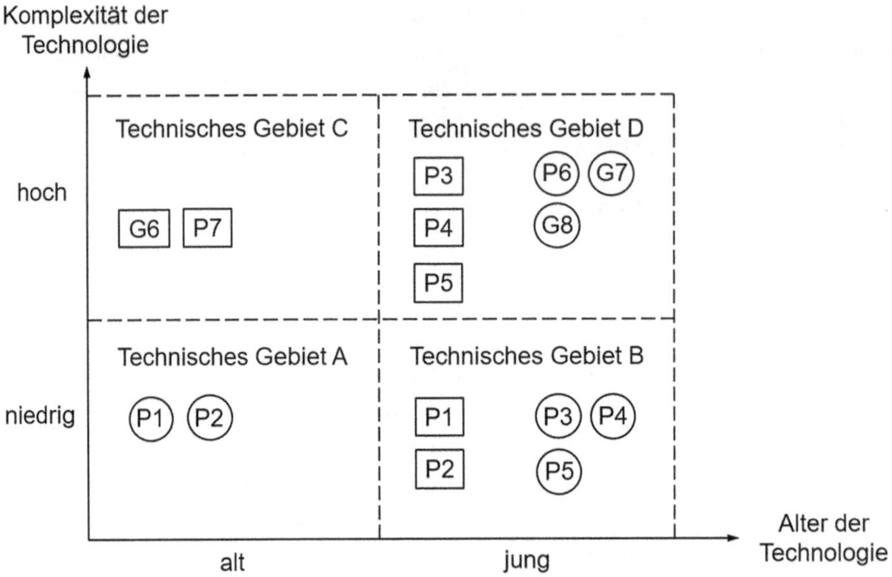

Abb. 16.1 Vergleich eigenes Unternehmen mit einem Konkurrenzunternehmen

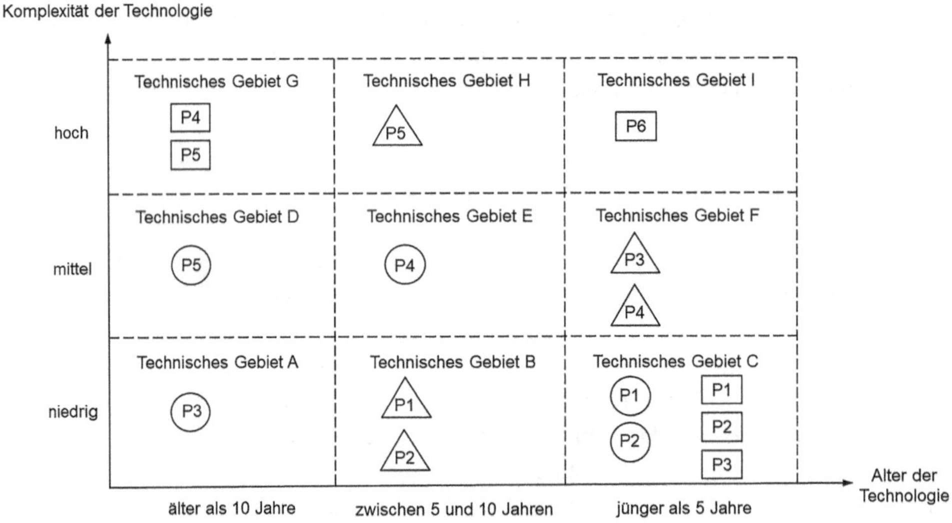

Abb. 16.2 Vergleich eigenes Unternehmen mit zwei Konkurrenzunternehmen

16.3 Vergleich der Patentportfolios

Die werthaltigen Patente eines Patentportfolios können anhand von Diagrammen zu Gruppen zusammengefasst werden. Hierbei kann insbesondere eine Unterteilung nach dem Umsatz erfolgen, den eine patentierte Erfindung erzielt. Insbesondere wird der aktuell

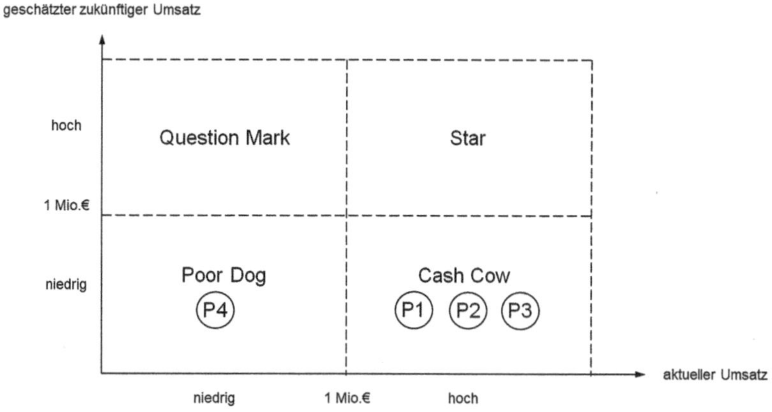

Abb. 16.3 Bewertung eigenes Patentportfolio

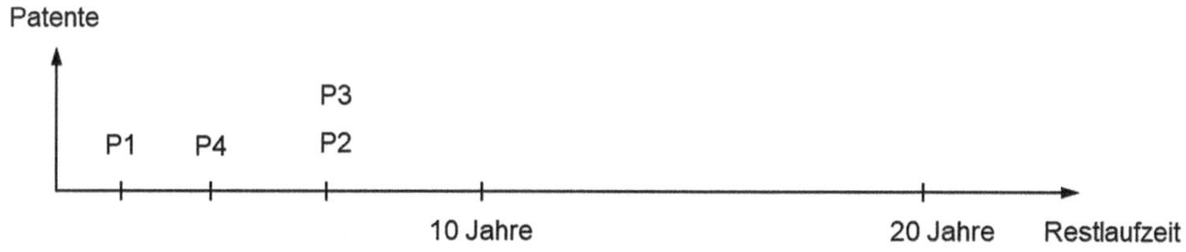

Abb. 16.4 Restlaufzeiten der Patente des eigenen Patentportfolios

getätigte und der geschätzte zukünftige Umsatz auf den Achsen des Diagramms abgetragen. Eine Trennlinie kann beispielsweise bei einer Million Euro gezogen werden, sodass eine patentierte Erfindung, die aktuell einen Umsatz über 1 Mio. € erwirtschaftet als Cash Cow angesehen wird und daher als wichtiger Umsatzträger gilt. Ist der aktuelle Umsatz unterhalb 1 Mio. € handelt es sich um ein Patent, das weniger bedeutsam ist. Außerdem werden die zukünftigen Umsätze geschätzt. Ist ein geschätzter zukünftiger Umsatz höher als 1 Mio. € wird von einem Star und damit einem Hoffnungsträger ausgegangen. Liegt der Umsatz voraussichtlich darunter, ist das Patent wahrscheinlich auch in der Zukunft weniger bedeutsam.

Abb. 16.3 zeigt ein Diagramm zur grafischen Einordnung der einzelnen Patente des eigenen Patentportfolios. Das eigene Unternehmen hat drei Cash-Cows, nämlich Patent 1, Patent 2 und Patent 3 und ein weniger bedeutsames Patent, nämlich Patent 4. Das Unternehmen ist aktuell sehr gut aufgestellt, allerdings fehlt es an Patenten, die in der Zukunft für Umsatz sorgen können.

Abb. 16.4 zeigt die Restlaufzeiten der wichtigen Patente des eigenen Patentportfolios. Es wird offensichtlich, dass das eigene Patentportfolio überaltert ist. Es werden daher in den nächsten Jahren erste Patente auslaufen, sodass mit dem Auftreten neuer Wettbewerber zu rechnen ist. Es ist nicht ungewöhnlich, dass Patente, die umsatzstarke Erfindungen

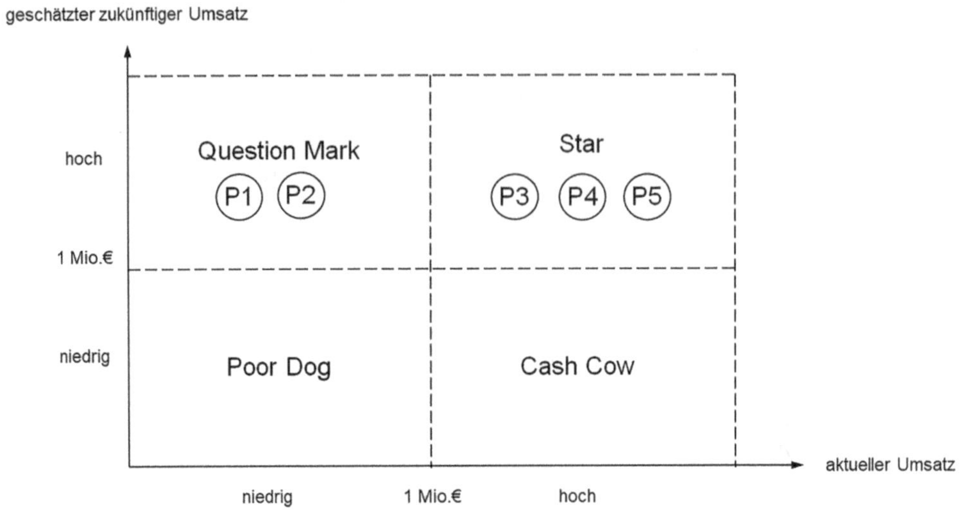

Abb. 16.5 Bewertung Patentportfolio des Wettbewerbers A

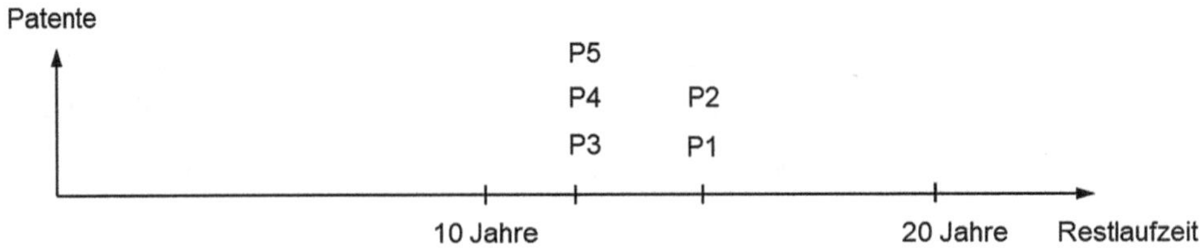

Abb. 16.6 Restlaufzeiten der Patente des Wettbewerbers A

beanspruchen, nur noch eine kurze Restlaufzeit aufweisen. Es dauert regelmäßig viele Jahre bis aus einer Erfindung ein umsatzstarkes Produkt erwächst, sodass ein großer Teil der maximalen 20-jährigen Patentlaufzeit bereits abgelaufen ist, wenn die patentierte Erfindung schließlich für einen großen Umsatz sorgt.

Der Patentsachbearbeiter sollte in diesem Fall darauf dringen, dass neue Erfindungen zum Patent angemeldet werden, um einen schleichenden Niedergang des Unternehmens zu verhindern. Die aktuelle Stärke sollte für neue Entwicklungen in Zukunftstechnologien genutzt werden.

Abb. 16.5 zeigt eine Darstellung der Patente des Wettbewerbers A, der immerhin drei Patente P3, P4 und P5 hat, die wahrscheinlich in der Zukunft Umsatzträger werden und außerdem zwei Patente P1 und P2 im Portfolio besitzt, die eventuell zukünftig bedeutend sind.

Abb. 16.6 zeigt, dass der Wettbewerber A mit seinem Patentportfolio sehr gut für die Zukunft gerüstet ist, da alle Patente noch eine lange maximale Restlaufzeit von über 10 Jahren aufweisen. Im Grunde ist das eigene Patentportfolio und das Patentportfolio des

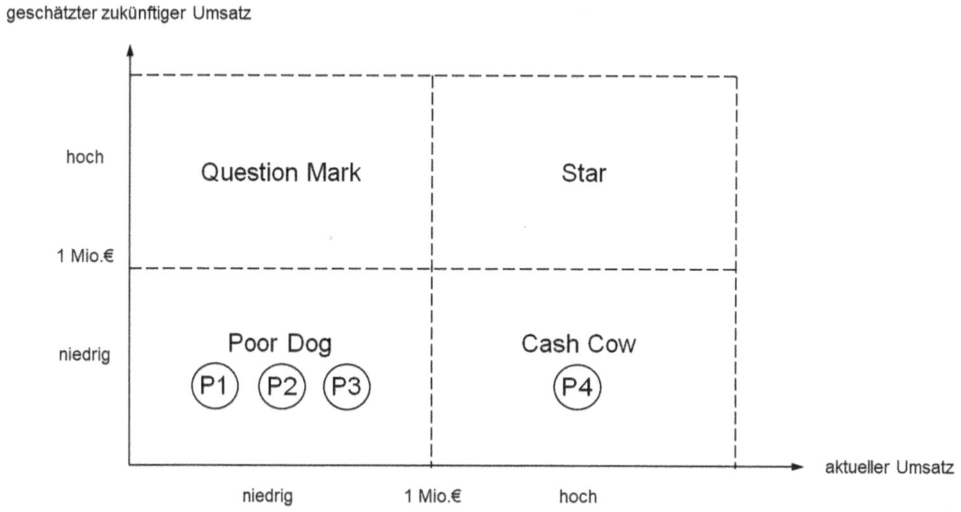

Abb. 16.7 Bewertung Patentportfolio des Wettbewerbers B

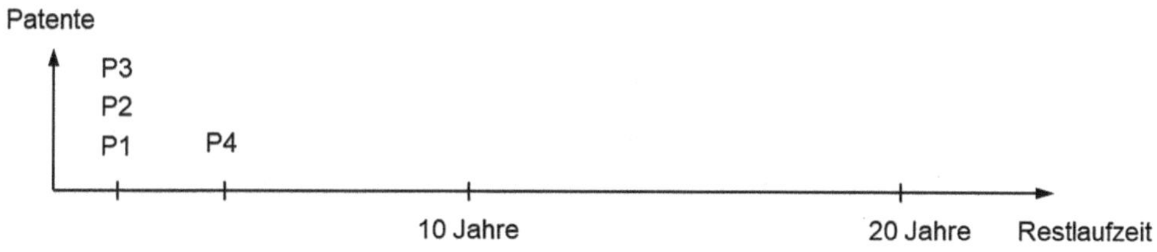

Abb. 16.8 Restlaufzeiten der Patente des Wettbewerbers B

Wettbewerbers A spiegelbildlich ausgestaltet. Das eigene Patentportfolio ist gegenwärtig stark und das des Wettbewerbers A wird sich eventuell in der Zukunft als erfolgreich erweisen. Es bietet sich eine langfristige Kooperation mit dem Wettbewerber A, eventuell sogar eine Übernahme des Wettbewerbers A, an.

Abb. 16.7 offenbart, dass das Patentportfolio des Wettbewerbers B schwach ist. Es enthält nur ein umsatzstarkes Patent 4. Ansonsten sind in dem Patentportfolio nur umsatzschwache Patente 1, 2 und 3 enthalten, die zukünftig als Umsatzträger wahrscheinlich vollständig wegfallen.

Abb. 16.8 verstärkt den nachteiligen Eindruck des Patentportfolios des Wettbewerbers B, da alle Patente 1, 2, 3 und 4 nur noch eine kurze maximale Restlaufzeit aufweisen. Das Patentportfolio des Wettbewerbers B ist daher weder gegenwärtig stark noch für die Zukunft gerüstet. Der Wettbewerber B stellt keine gefährliche Konkurrenz dar.

16.4 Vergleich des Reifegrads von Patentportfolios

Ein wichtiger Vergleich von Patentportfolios ist auch die jeweilige Anzahl von Patenten, die Umsatzträger betreffen (Cash Cows), Patente, die Technologien mit hohem Marktwachstum beanspruchen (Stars) und Patente, die sich zu Stars oder Cash Cows entwickeln können.

Abb. 16.9 zeigt den Vergleich von zwei Portfolios, wobei das erste Unternehmen (Kreise) drei Cash Cows P3, P4 und P5 und das zweite Unternehmen (Kästchen) nur zwei Cash Cows P1 und P2 aufzuweisen hat. Das erste Unternehmen hat drei Schutzrechte, die Stars sind, nämlich zwei Gebrauchsmuster G7 und G8 und ein Patent P6. Das zweite Unternehmen hat drei Star-Patente P3, P4 und P5.

Die Star-Schutzrechte weisen ein hohes Marktwachstum und bereits aktuell steigende Umsätze auf. Diese Schutzrechte werden daher zukünftig zu den bedeutenden Umsatzträgern des jeweiligen Unternehmens. Hier ist bei dem ersten Unternehmen zu bemängeln, dass zwei dieser strategisch wichtigen Schutzrechte Gebrauchsmuster sind. Gebrauchsmuster haben nur eine maximale Laufzeit von 10 Jahren. Da diese Schutzrechte insbesondere in der Zukunft wichtige Produkte schützen sollen, kann das Problem entstehen, dass die Schutzrechte auslaufen, obwohl noch ein rechtlicher Schutz erforderlich ist. Die Gebrauchsmuster G7 und G8 könnten daher als zukünftige Cash Cows sogar ausfallen.

Außerdem besitzt das zweite Unternehmen noch zwei Schutzrechte, Gebrauchsmuster G6 und Patent P7, die in einem technischen Gebiet mit hohem Wachstum aber aktuell geringem Umsatz angesiedelt sind. Bei diesen Schutzrechten ist die zukünftige Bedeutung

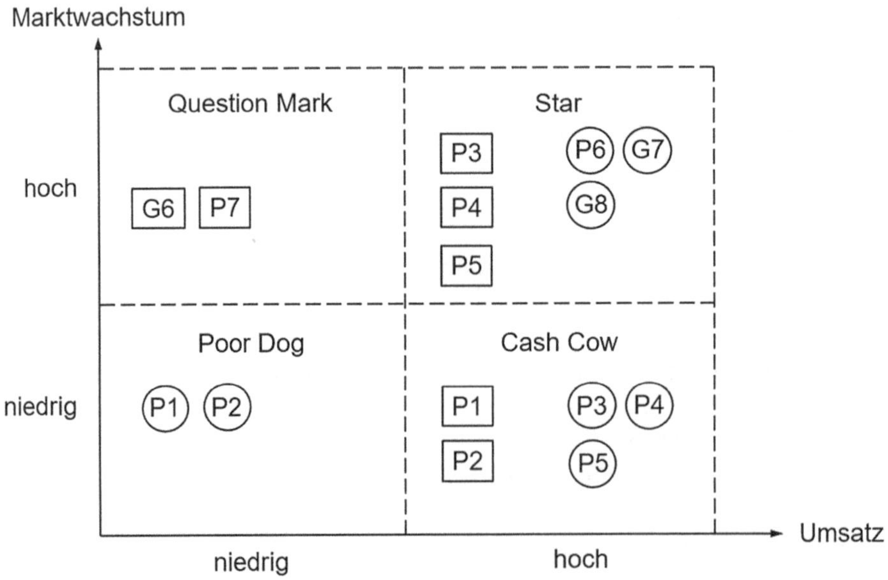

Abb. 16.9 Vergleich des Reifegrads von Patentportfolios

ungewiss, weswegen sie als Fragezeichen (Question-Mark) bezeichnet werden. Sie können zu Hoffnungsträgern (Stars) und Umsatzträgern (Cash Cows) werden oder bedeutungslos werden (Poor Dog). Die beiden Patente P1 und P2 des ersten Unternehmens sind Poor Dogs und tragen nicht wesentlich zum Umsatz bei und deren patentierte Erfindungen sind zudem in einem Markt angesiedelt, der nicht erfolgsverheißend aussieht, da kein Marktwachstum vorliegt. Diese Poor Dog Patente P1 und P2 sollten fallen gelassen werden.

16.5 Zusammenfassung

Der Vergleich des eigenen Patentportfolios mit dem der Konkurrenz kann in mehreren Schritten erfolgen. Zunächst sollten aus der Betrachtung diejenigen Schutzrechte ausgesondert werden, die als wertlos klassifiziert werden. In einem nächsten Schritt ist ein Vergleich der technischen Gebiete vorzunehmen. Im letzten Schritt wird für jedes einzelne technische Gebiet die Stärke des eigenen Patentportfolios ins Verhältnis gesetzt mit denjenigen der einzelnen Konkurrenzunternehmen. Außerdem kann die Analyse der Anzahl der Cash Cow-, Star- und Question Mark-Patente einen wichtigen Bewertungshinweis zur Stärke der jeweiligen Patentportfolios liefern.

Stichwortverzeichnis

T. H. Meitinger, *Die Kunst des Krieges im gewerblichen Rechtsschutz*,
https://doi.org/10.1007/978-3-662-73952-5

FSC
www.fsc.org
MIX
Papier | Fördert gute Waldnutzung
FSC® C083411

Kolibri 360 GmbH
Ferdinand-Jühlke-Straße 7
99095 Erfurt, Deutschland
produktsicherheit@kolibri360.de